JN314722

挨拶からクレーム処理まで、
各場面《シーン》の接客がよくわかる!

飲食店の接客サービス完全マニュアルBOOK

飲食開業経営支援センター
赤土 亮二

はじめに

飲食店が繁盛するには、欠かすことのできない重要な要素がある。それは、

①内装力
②演出力
③商品力
④時流理解力
⑤数字理解力
⑥サービス力

の六大要素である。これらが揃った総合力が店を繁盛へと導くことになる。どれも欠かすことはできないが、中でも、店の評判を高めて固定客をつくり、他店と大きな差をつくるのがサービス力なのである。

接客サービスというものは人が大きく関わってくる。とくに、現在の飲食店は正社員だけでなく、パートやアルバイトの方が多く働いている。年齢も価値観も異なり、それぞれ働く意識も違って当然だ。だが、だからといってバラバ

ラのサービスをしていいわけはない。

客が居心地のよさを感じ、気分よく帰ってもらえるサービスを全員がしなければ繁盛をつかむことはできない。それには、全員が均質のよい接客サービスができなければならないのである。

本書は、開店から閉店まで飲食店のいろいろな場面に対応することができるよう接客サービスの仕方を具体的にあらわしたものである。これを身につけることでサービス技術が向上し、客の心をつかむことができると確信している。

なお、末筆ではあるが、本書の出版にあたり、旭屋出版のスタッフの皆様に絶大なるご協力をいただいたことに感謝し、紙面を借りて御礼を申し述べる次第である。

二〇一〇年　一〇月　吉日

飲食開業経営支援センター　　赤土 亮二

目次

第8章 ✻ カウンター席、テーブル席、座敷席等、店舗別の接客サービス …… 130

イラスト　跡部禎子
装丁・デザイン　宮本郁

チェックリスト&マニュアル索引

第1章

基本の接客サービス

1　繁盛させるための大きな武器

いくら価値の高い飲食物を提供しても、いくらデザイン性に優れた内装等で演出した店作りをしても、それだけで店が繁盛することにはならないのが現代の飲食店である。なぜならば、競合が激しい現代では、店を繁盛させるために、プラス優れた接客サービスが必要だからである。

飲食店というのは、粗利益率が高いのが特徴になっている商売である。ちなみに粗利益率は、カフェなら80％以上、レストラン、居酒屋でも65～70％もあるのである。この粗利益率の高さをただ黙って認めてくれるほど現代のお客様は甘くない。この高い粗利益率を認めてもらうには、そこに何らかの付加価値が必要になって当然だといえる。ではその付加価値というのは何なのか。その一つが接客サービスなのである。

したがって、接客サービスが悪ければ、決してお客様から支持されることはないのである。またある意味では、接客サービスが悪ければ、飲食物の評価さえ悪くなってしまうといわなくてはならない。

2 均質化が基本

よくあるのは、お得意様とか知人だけには満面の笑みでサービスするという例だが、これではそのサービスに、いい評価はもらえない。なぜなら、満面の笑顔で迎えてもらえなかったお客様は、差をつけられたと不快に感じてしまうからである。

たしかによくやって来てくれるお得意様は店にとっては大事なお客様に違いないのだが、初めて来店したお客様との間に差があってはならないのがサービスなのである。

このような顧客優先、知人優先というサービスをした場合、何がおきるのかというと、新顧客が増えないということがおきてしまう。初めてのお客様は将

来の顧客なのである。サービスに差があるとお客様に分かってしまえば、差をつけられたほうは、あまりいい気分はしない。

ということは、そのお客様にリピート来店してもらえる可能性は低くなってしまうのである。

そしてさらに注意しなくてはならないのが、サービス・スタッフによってサービスに差があってはならないということである。そのようなことがあれば、今日はサービスが悪いといわれてしまう。結果としてよかった時のサービスは帳消しにされてしまうのである。

つまりサービスは、お客様によって差をつけてはならないことはもとより、スタッフによっても差があってはならず、均質化していなくてはならないのである。

3 過剰接客サービスは逆効果

それがいいサービスだとよく錯覚されているサービスに〝ゴマすり型サービ

ス〟というのがある。例えば、

①やたら『おべっか』を使う

②やたら見えすいた『お世辞』をいう

③必要以上にへりくだる

といったサービスがそれである。もっともこのようなサービスを好む客もいないわけではない。しかし、このようなサービスは好まないという人が圧倒的に多いのである。このような、おべっかサービスは古き時代のスナックのママのサービスで、現代では求められていない。

決めたことをきちんと全員がこなす。これが現代のいいサービスなのである。

4　基本的なサービス用語は十大用語

通常いわれているサービス用語は、六大用語である。しかし赤土流は、

〝十大用語プラス1〟

である。では、十大用語とは何なのかというとそれは、

①いらっしゃいませ

↓歓迎の言葉であるとともに、あなたがいらっしゃった事は分かっていますよとお客様に安心を与える言葉

②メニューご覧下さいませ

③ご注文お伺い致します

④かしこまりました

↓商品を復唱し「かしこまりました」としたほうがよりいいし、オーダー・ミスも少なくなる

⑤少々お待ち下さいませ

⑥お待たせ致しました

↓この言葉がお客様の動きを止め、お客様と

ぶつかったりするサービス上のミスを少なくする

⑦ごゆっくりどうぞ

⑧申し訳ございません

⑨お下げしてよろしいでしょうか（お下げ致します）

⑩ありがとうございます

そしてプラス1の言葉は、

⑪「はい」の返事

である。最終的には、この**十大用語プラス1**をマスターしなくてはならない。

5 まず二大用語プラス1

前述した十大用語をマスターしなくてはならないのが接客サービスなのだ

が、入店したばかりの新人にそれを求めるのは非常に難しい。だからといって全部ができるようになるまで、前線に出さないというような余裕はない。そこで新人にはまず、〝二大用語プラス1〟をマスターしてもらおう。

二大用語とは、

①いらっしゃいませ

②ありがとうございます

で、プラス1は

「はい」

という返事である。これだけなら新人にもこなせるはずである。そして、これが確実にできれば、とりあえずサービスが悪いという評判はたたないはずである。

しかしこの場合、十大用語がこなせるベテ

ランとの間に差がついてしまう。それでは、大事な均質化を欠くことになるではないかと疑問を持つかもしれないが、そのためにはある処置をしておけばいい。

その処置として、新人には名札に「見習」という文字を入れておく。このようにしておけば、お客様の目にその二文字が入ることにより、大目に見てくれることになる。

6　基本の接客マニュアルは必要

接客サービスの難しい点は、お客様が、店側が想定している通りの言葉を発してくれるとは限らないし、行動を取ってくれるとは限らないところにある。したがって、それらには臨機応変に対応しなくてはならないので、マニュアルがすべてというわけにはいかない。

しかし、基本的なものは、マニュアルで決めておく必要がある。店の基本的なシステムには、お客様を、

①スタッフが席まで誘導する
②誘導はしないで自由に席に着いてもらう
③セルフ・サービスになっている

というのがあり、席へはスタッフが誘導するシステムのマニュアルは**別掲1**、自由に席に着いてもらうシステムのマニュアルは**別掲2**、セルフ・サービスの場合のマニュアルが**別掲3**である。なお、これは店によって多少変化することはいうまでもない。

別掲1 ● 接客マニュアル-スタッフが誘導する場合

係が席までご案内致しますので、
少々お待ち下さいませ

↓

「いらっしゃいませ。何名様でしょうか」
「喫煙と禁煙席がございますが」

客「喫煙席」

メニューを人数分持ち ……………… メニューがテーブルにある場合は不要
「かしこまりました。こちらへどうぞ」……… 誘導は先導でおこなう

↓

席に案内したら

「こちらの席でよろしゅうございますか」…… 要望があり席が空いていれば
席を変更

↓

「メニューをご覧下さいませ」 ……………… 手渡しできない場合テーブルに置く
サービス・ハッチに下がり　テーブルに置いてある場合もできれば
冷水、おしぼりを準備、再び客席へ　手渡し

↓

「いらっしゃいませ」
冷水、おしぼりをサービス

↓

「ご注文お伺い致します」……………… オーダーが決まっていない場合は
「お決まりになりましたら、お呼び下さい」
1回下がる

↓

オーダーされたら

「かしこまりました→オーダー復唱」
「少々お待ち下さいませ」
サービス・ハッチに戻り厨房へオーダー
シルバーなど準備 ……………… あらかじめテーブルにセット

↓

オーダー客席へサービス
「お待たせ致しました」
「ごゆっくりどうぞ」

↓

サービスが完了したら、冷水注ぎ足し、
灰皿取り替え、追加オーダー等に気配り
飲食が終わったら、
「お下げしてよろしいでしょうか」
確認の上、空いた食器を下げる

別掲2 ● 接客マニュアル-自由に席に着いてもらう場合

「いらっしゃいませ」
メニュー、冷水、おしぼり準備

客席へ
冷水、おしぼりをサービス
「いらっしゃいませ、メニューをご覧下さいませ」…………… メニューは手渡し
手渡しできない場合
テーブルに置く

「オーダーお決まりになりましたら、お呼び下さい」……… すでに決まっていれば
サービス・ハッチに下がる　オーダーを聞く

「ご注文お願い致します」
オーダーされたら、
「かしこまりました→オーダー復唱」
「少々お待ち下さいませ」

サービス・ハッチに戻り厨房へオーダー
シルバー等準備 …………………………………………… あらかじめテーブルにセット

オーダー品客席へサービス
「お待たせ致しました」
「ごゆっくりどうぞ」

サービスが完了したら、冷水注ぎ足し、
灰皿取り替え、追加オーダー等に気配り
飲食が終わったら、
「お下げしてよろしいでしょうか」
確認の上空いた食器を下げる

別掲3 ● 接客マニュアル-セルフサービスの場合

「いらっしゃいませ」
「こちらでオーダーを承ります」

↓

オーダーされたら
「かしこまりました、○○円頂戴致します」……釣銭がある場合は「○○円お預かり致します。○○円お返し致します。ご確認下さいませ。ありがとうございます」
ちょうどの場合
「ちょうどいただきます、ありがとうございます」
「少々お待ち下さいませ」

↓

オーダー品を調整
「お待たせ致しました」……ドリンクはその場で提供
フードもある場合
「でき上がりましたらお席にお運び致します」……フード等は番号札を渡す

↓

オーダー品ができたら
「お待たせ致しました」

↓

オーダー品をサービス
「ごゆっくりどうぞ」

7 買う側に知識は不要

どんな商売でも同じだが、買う側には知識は不要だが、売る側にはしっかりとした商品知識がいるというのが商売の常識である。

したがつて、商品知識を熟知することは絶対に怠るわけにはいかない。

商品知識は**別掲4**のようなものを作成し、それを熟読させ、さらに説明教育をおこなわなくてはならない。また、できればこれには写真を載せたい。そのようにすれば、形も合わせて覚えてもらえるので、より充実した商品知識を植えつけることができる。

なお、新規開業の場合は、テストででき上がった商品を見せ、試食させて教育すると数段理解しやすくなるし、お客様への説明もよりしやすくなるといっていい。

別掲4 ● ソフト・ドリンクスの商品知識（例）

メニュー名	摘要	味等の特徴	備考
ブレンド・コーヒー	有機栽培コロンビア、シティ・ローストのコーヒー使用	くせがない、マイルドな味	エスプレッソ・マシンで抽出
カフェ・エスプレッソ	フレンチ・ローストのコーヒーで抽出	苦味が強く、食後に向く。量は３０ml	エスプレッソ・マシンで抽出
カフェ・カプチーノ	コーヒーにスチームド・ミルク、フォームド・ミルクを加えたコーヒー	フォームド・ミルクがまろやかな味をつくりだすのでマイルド	エスプレッソ・マシンで抽出
カフェ・コンパンナ	ブレンド・コーヒーにホイップド・クリームを浮かべたコーヒー	クリーミーでマイルドな味	エスプレッソ・マシンで抽出
カフェ・モカ	ブレンド・コーヒーにチョコレートを加え、ホイップド・クリームを浮かべたコーヒー	チョコレートとコーヒーがコラボレートした味	エスプレッソ・マシンで抽出
〜	〜	〜	〜
ロイヤル・ミルク・ティー	牛乳で立てた紅茶	マイルドでコクのある味	鍋に牛乳を沸かし抽出
ロシアン・ティー	オレンジ・ママレードとウォッカ2〜3滴を加えた紅茶	甘味のあるオレンジ味の紅茶	鍋立てでコクを重視
クリーミー・ココア	牛乳で作ったココアにホイップド・クリームを浮かべたもの	オランダ産の銘柄ココア・パウダーを使用	エスプレッソ・マシンで抽出
オレンジ・ジュース	生のオレンジを絞ったオレンジ・ジュース	甘味が添加されていないので、爽やかなオレンジそのものの甘味	スクイザーで絞って調整
グレープフルーツ・ジュース	生のグレープフルーツを絞ったグレープフルーツ・ジュース	爽やかな酸味のきいた味	スクイザーで絞って調整

8 営業時間と営業日は客との約束

店とお客様の間には、重要な約束がある。その中の一つが、

①営業時間

②営業日

である。よくあるのが、開業時間に間に合わないといった例である。また、暇だからといって閉店時間を早めてしまったり、突如休業にしてしまったりといった例も少なくない。これでは、せっかくやってきたお客様はたまったものではない。

営業時間も守れない、営業日も守れない。これではサービス業としては失格である。

開店はしているのだが、スタンバイが間に合わず、やり残しの作業をやっている。そのためお客様が入店しても気がつかない。

これもまた、サービス業としては失格である。開店時間には、きちんとスタンバイが終わっていてこそ、しっかりとした待機の姿勢がとれるのである。し

たがってスタンバイを完璧にやるためにはスタンバイ・マニュアルを作成しておく必要がある。

別掲5を見てもらおう。これがスタンバイ・マニュアル作成の参考例である。当然店によってスタンバイの内容は異なる。したがって、店に合わせて作成し直さなくてはならないことはいうまでもない。そして、できれば**別掲6**のようなチェック・リストも作成しておくとよい。

なお、スタンバイ・マニュアルは、そのマニュアルに基づいて何度かテストしなくてはならない。テストをすることで、時間的に無理がないか、またはもっと短くできないかなど、本当に必要なスタンバイ時間がつかめ、勤務シフトも作成しやすくなるはずだ。

別掲5 ● スタンバイ・マニュアル

サービス・スタッフ

1 おしぼりウォーマーにおしぼりをセット
2 おしぼりウォーマーのスイッチを入れる →点灯確認
3 掃除道具準備→ほうき、塵取り、ドライ・モップ
4 床の掃き掃除
5 モップかけ
6 トイレ掃除道具準備
→ガラス・クリーナー、手洗器用洗剤、便器洗剤、便器用シート、デッキブラシ、モップ、棒たわし
7 トイレの床をデッキブラシで洗う
8 便器内を棒たわしで洗う →汚れがあるとき
9 手洗器を洗剤で洗う
10 トイレ鏡乾拭き →汚れが強い時はクリーナー使用
11 トイレ床モップかけ
12 ロールペーパー確認補充
13 ペーパー・タオル確認補充
14 汚物入れのビニール袋交換
15 トイレ・ドアー拭き掃除
16 テーブル上の拭き掃除
17 椅子汚れ確認 →汚れがある場合拭き掃除
18 手を洗う

サービス・スタッフ

19 卓上備品点検・補充・テーブルにセット
→塩、胡椒、ナプキンペーパー、灰皿セット
20 メニュー表の点検
21 クリームをクリーマーへ
22 シュガー・ポット点検
23 置き看板を表へ
24 メニュー看板を表へ
25 ピロッティ掃き掃除
26 花壇清掃
27 営業表示板を出す

キャッシャー

1 レジ台の拭き掃除
2 レジ台整理整頓
3 レジ機日付確認
4 レジ機にレシート用紙セット
5 釣銭を受け取り、カウントしてレジ機内へ
6 筆記用具、領収用紙、印紙、その他の備品点検補充
7 レジ内床掃き掃除

別掲6 ● 開店前チェックリスト

- □ 1 看板は出ているか →点灯も確認
- □ 2 表示板は出ているか→営業表示、メニュー表示
- □ 3 店頭はきれいか
- □ 4 マットは出ているか
- □ 5 照明はすべてつくか、きれている場合は交換
- □ 6 音楽のスイッチは入っているか
- □ 7 テーブル上のセッティングはできているか
- □ 8 フロアーに汚れはないか
- □ 9 備品は揃っているか
- □ 10 冷水の準備はできているか
- □ 11 おしぼりは保温されているか
- □ 12 伝票、ボールペンはあるか
- □ 13 空調のスイッチは入っているか
- □ 14 室内換気のスイッチは入っているか
- □ 15 トイレット・ペーパーはあるか
- □ 16 タオル・ペーパーはあるか
- □ 17 掃除道具は片付けたか
- □ 18 クリーマーにクリームは入れたか
- □ 19 カスター・セットは準備できているか
- □ 20 シュガー・ポットにシュガーは入れたか
- □ 21 ケーキ冷蔵ケースは稼動しているか
- □ 22 ケーキは飾ったか
- □ 23 テーブルにグラグラはないか
- □ 24 椅子に汚れはないか
- □ 25 テイク・アウト用の備品は揃っているか

9　身だしなみもサービス

サービス・スタッフの身だしなみが悪いと、お客様はその店に好印象を持てない。なぜならば、それで、

①だらしなさ

②不潔さ

ということが感じられてしまうからである。したがってホールに出る前には、きちんと身だしなみを整えるようにしたい。そのために、**別掲7**のような、身だしなみチェック・リストを作成して、ロッカー・ルームに貼り出しておくといい。

また、女性サービス・スタッフがいる場合は、

①装身具（アクセサリー）の着用

②化粧の度合い

③マニキュア

④髪型

等についてもきちんとした取り決めを作っておく必要がある。

別掲7 ● 身だしなみチェックリスト

- □ 1 ユニフォームに着替えたか
- □ 2 ユニフォームは指定通りに着用したか
- □ 3 ボタンの掛け忘れはないか
- □ 4 ユニフォームに目立つ汚れはないか
- □ 5 靴に汚れはないか
- □ 6 ネクタイ、リボン、スカーフに曲がり、ゆるみはないか
- □ 7 頭髪は乱れていないか
- □ 8 フケは浮いていないか
- □ 9 無精ひげは生えていないか
- □ 10 耳はきれいか
- □ 11 目やにはついていないか
- □ 12 歯はきれいか
- □ 13 化粧は指定より濃くないか
- □ 14 ケバケバしいマニキュアをつけていないか
- □ 15 爪は伸びていないか
- □ 16 爪に汚れはないか
- □ 17 手に匂いはないか →ハンド・クリーム等
- □ 18 強い香水をつけていないか
  →飲食物の香り等に悪影響がある
- □ 19 装飾品は指定以上のものをつけていないか
- □ 20 口臭はないか
- □ 21 異臭はないか
- □ 22 ストッキングはデンセンしていないか
- □ 23 ソックスはたるんでいないか

10 基本のテーブル・セッティング

テーブル・セッティングには基本の型がある。その基本は業種業態によって異なるし、それぞれの店によっても多少異なる。したがって詳細は各店が決めていくことになるが、標準的には次のようになる。

▼洋食

【簡易セット】

これが、もっとも簡単なテーブル・セッティングで、ペーパー・ナプキンまたは、ランチョン・マットを敷き、**別掲8**のようにシルバーをセットする。なお、ペーパー・ナプキンを下敷きにする場合は、

別掲8 ● **洋食-簡易セット**

片側セットの場合　　両側セットの場合

① テーブル・フォークまたはデザート・フォーク
② テーブル・ナイフまたはデザート・ナイフ
③ テーブル・スプーンまたはデザート・スプーン
※パスタの場合はナイフは不要

両側セッティングにはせず、片側にセッティングする。この場合は右側にセッティングし、ナイフを外側、フォークを内側に置く。

【シルバー・バスケット使用のテーブル・セッティング】

別掲9のようなバスケット（籠）に人数分のシルバー、お手もと等を入れてテーブル上に置くテーブル・セッティングで、ファミリーレストランや、カジュアルレストランにこの方法が多い。

【コースのセット例】

標準的には、**別掲10**がそのセットにな

別掲9 ● シルバー・バスケット

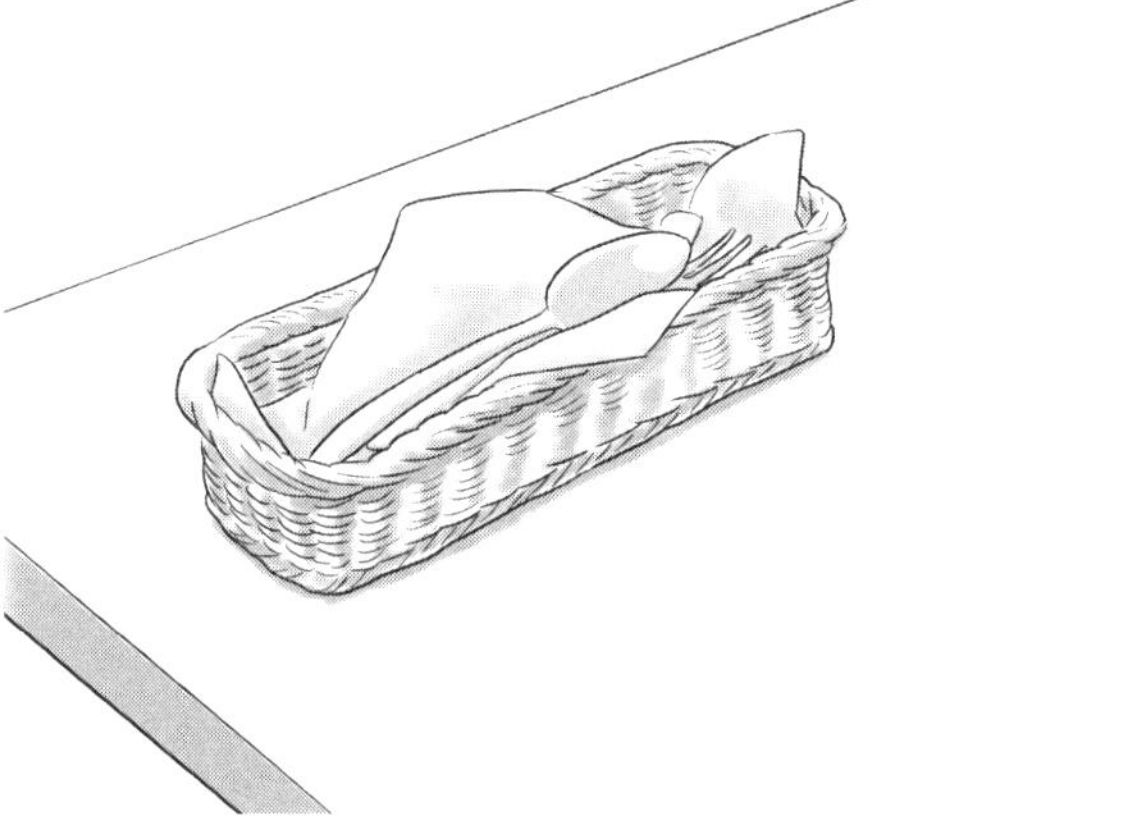

るが、魚料理が入る場合は、テーブル・ナイフ、フォークの外側に、フィッシュ・ナイフ、フォークをセットしなくてはならない。

別掲10 ● 洋食-コースのセット

① テーブル・フォーク
② テーブル・ナイフ
③ テーブル・スプーン
④ ワイン・グラス
⑤ ティー・スプーン
⑥ デザート・スプーン
⑦ パンプレート
⑧ バター・ナイフ

【フル・コースのセット例】

フル・コースの場合、**別掲11**のように、シルバー類が増える。

別掲11 ● **洋食-フルコースのセット**

① フィッシュ・フォーク
② テーブル・フォーク
③ テーブル・ナイフ
④ フィッシュ・ナイフ
⑤ テーブル・スプーン
⑥ ワイン・グラス（赤、白）
⑦ ティー・スプーン
⑧ デザート・スプーン
⑨ フルーツ・ナイフ、フォーク
⑩ パン・プレート
⑪バター・ナイフ

※オードブルがある場合、ナイフ・フォークが各1本増える

▼和食

和食系の店の標準的なセッティングは**別掲12**のようになる。このセットをした上で、オーダーを受けたあとに不要なものは取り去り、必要なもの、例えばワインがオーダーされたら、ワイン・グラスをつけ加えればいい。なお、居酒屋やダイニング・バーの場合は、お手もとだけのセットにしておき、オーダー後、必要なものをセットすればいい。

別掲12 ● **和食-コースのセット**

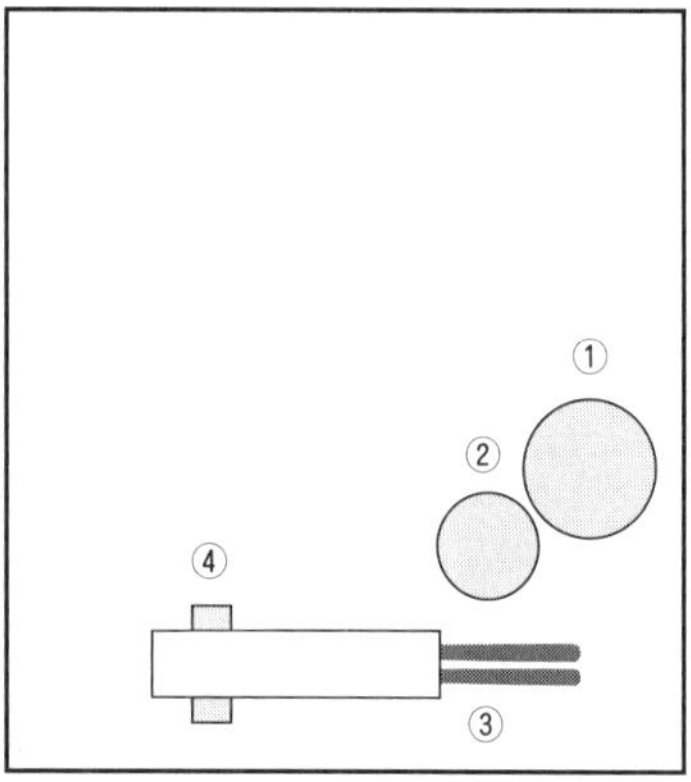

① グラス
② 杯
③ お手もと
④ 箸置き

▼中国料理（中華）

別掲13が中国料理のセッティングである。現代は中国料理でも、ワインをオーダーするお客様は多い。したがって、杯以外にワイン・グラスもセットしておくといい。

別掲13 ● 中華-コースのセット

① 小皿
② れんげ
③ お箸
④ 箸置き
⑤ 杯
⑥ 取り皿
⑦ スープ碗
⑧ グラス

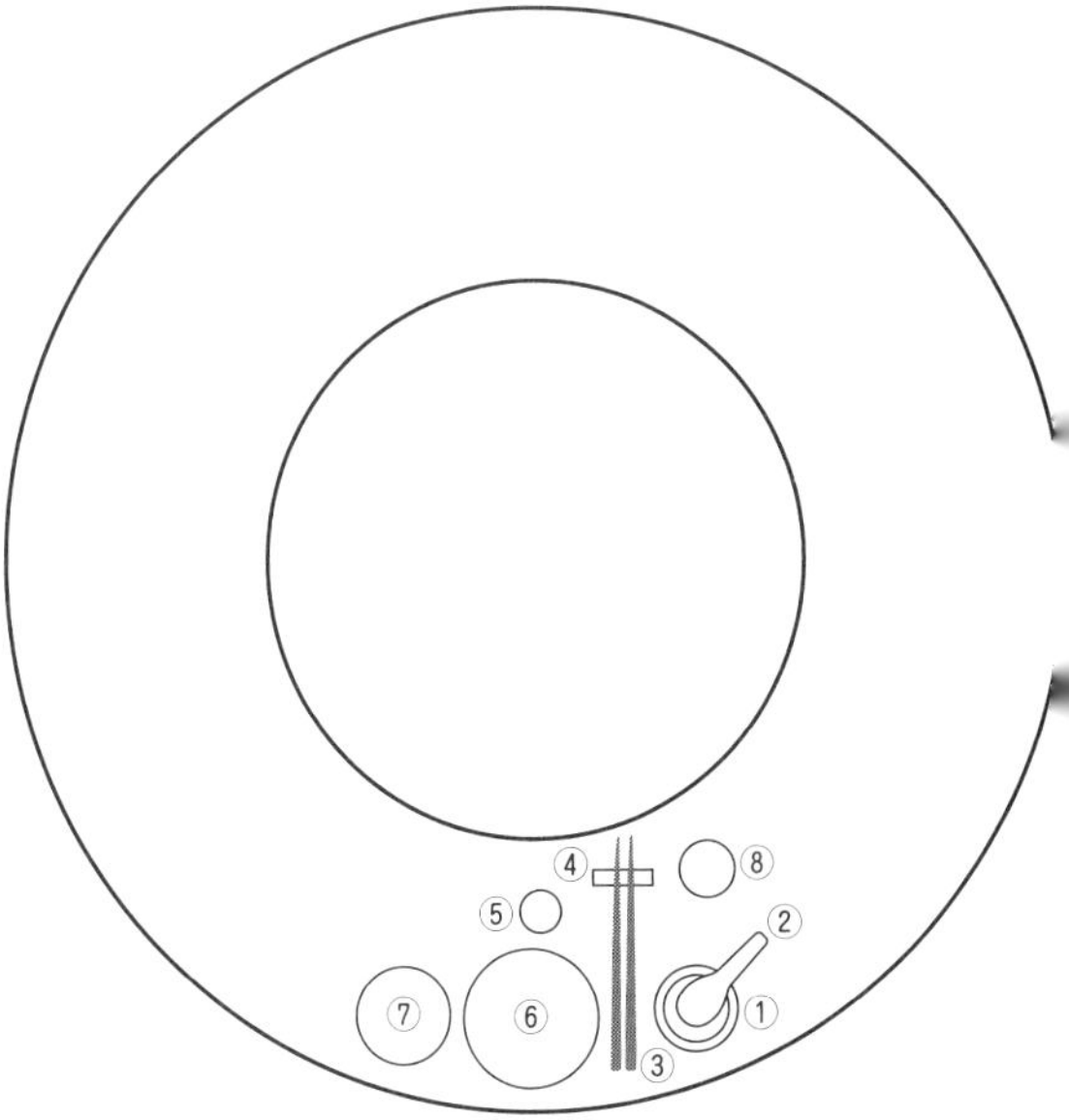

11 布ナプキンの折り方

布ナプキンの折り方はいろいろあるが、あまり複雑な折り方にすると、お客様がナプキンを広げた時に折り目部分がシワになってしまい、きれいには見えない。そのため、できるだけ単純な折り方のほうがいい。長方形で8つにたたむ程度にしたほうが広げた時にはきれいだといえる。

12 ペーパー・ナプキンの折り方

ペーパー・ナプキンは、四つ折りとか六つ折りに折ったものが市販されている。市販品を使用する店が多いが、自店で折るなら**別掲14**のような折り方をするといい。

別掲14 ● ナプキンの折り方例

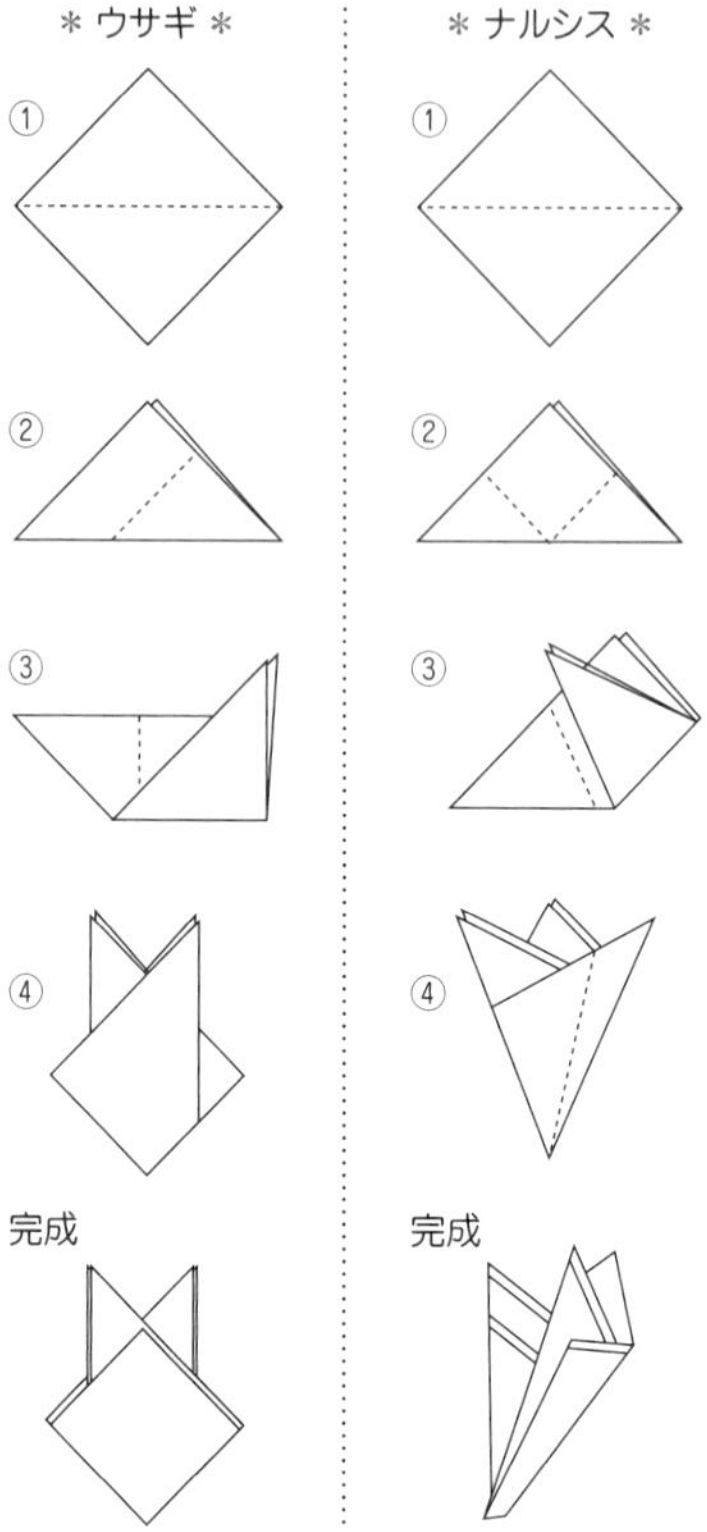

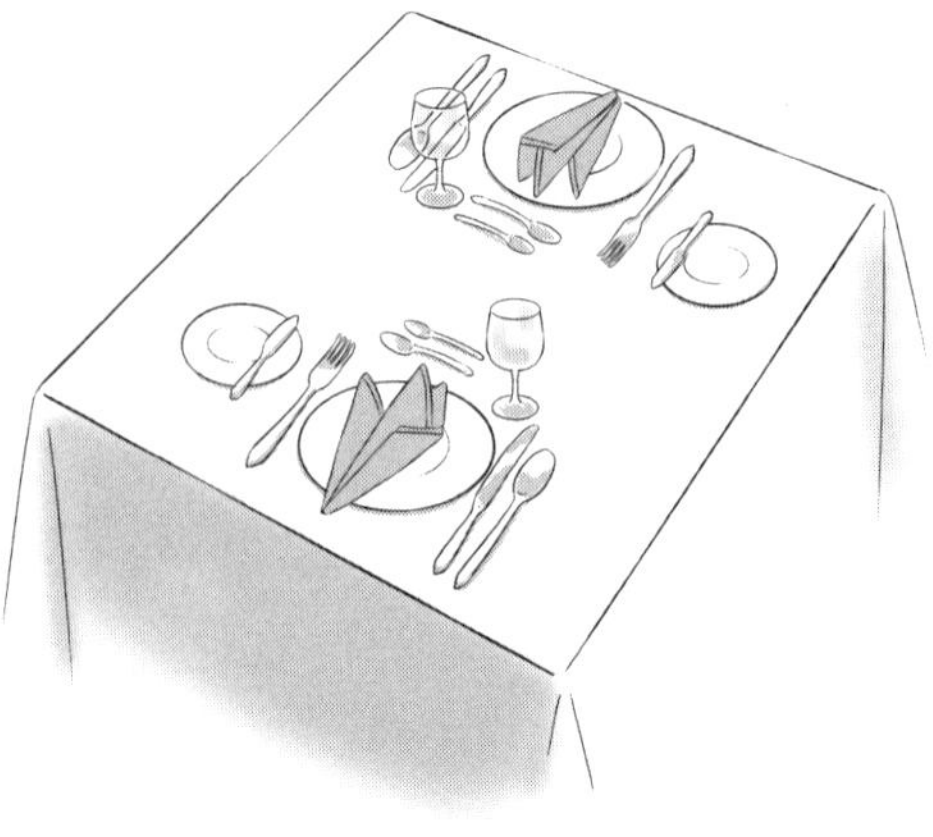

13 基本的な食器、グラス等の知識

店により多少異なるが、基本的な食器は、**別掲15**を参考にしてほしい。さらに、**別掲16**が基本的なグラスの知識である。なお、グラスにはいろいろな形があり、店によって使用するものが異なる。

14 シルバー類の基礎知識

飲食業界では、ナイフ、フォーク、スプーン等をシルバー類という。現代ではステンレス製のものが多いのだが、かつてこれらは銀（シルバー）または、銀メッキでできていたものが多く、その名残でシルバー類といっている。基本的なシルバー類は**別掲17**になる。

別掲15 ● 基本の洋食器

食器名	用　途
コーヒー・カップ	コーヒー供進用カップ
コーヒー・ポット	コーヒーをサービスするためのポット
デミタス・カップ	小型コーヒー・カップ
ティー・カップ	紅茶用のカップ、コーヒー・カップよりやや大きいが、このカップでコーヒーとの兼用も可
ティー・ポット	紅茶サービス用のポット
ティー・コーズ	ティー・ポットにかぶせる保温帽子
ミルク・カップ（マグカップ）	ミルク等をサービスするカップ、細身でコーヒー・カップより背が高い
プレート　6.5インチ	パン等の皿として使用
7.5インチ	ライス、デザート等の皿として使用
9.0インチ	魚、肉料理、パスタ、ピラフ等に使用
10.0インチ	メイン・ディッシュ用のプレート
スープ皿　9.0インチ	スープに使用する深みのある皿
クープ皿　7.5インチ	スープ他に使用するスープ皿よりやや小ぶりで深みのある皿
ベリー皿（フルーツ皿）5.5インチ	デザート、ミニ・サラダに使用する、やや深みのある皿
スープ・カップ（両手）	スープに使用するカップ、片手もある
キャセロール	グラタン等に使用する耐熱の容器
薬味入れ	カレー等の薬味を入れる容器
カスター・セット	テーブルにおく調味料入れ
フインガー・ボウル	指先を洗うために使用
ペッパー・ミル	粒胡椒を挽く道具
ソルト・ミル	岩塩を挽く道具
シリアル・ボウル	シリアルをサービスする器
プラター	料理をのせ、持ち回りに使う大型の皿
アッシュトレー	灰皿のこと
ナイフ、フォーク・レスト	洋食器用の箸置き的なもの、これを使う場合ナプキン敷きは不要
ハイティー・スタンド	アフターヌーン・ティーに使うトレイ的なもの

別掲16 ● 基本のグラス類

グラス名	用　途
ウォーター・タンブラー（冷タン）	冷水サービス用のグラス
８オンス・タンブラー	コップ型のグラス240ml
10オンス・タンブラー	コップ型のグラス300ml
コリンズ・グラス（ゾンビ・グラス）	背が高いコップ型のグラス
オールドファッション・グラス	オンザ・ロック等を供する背の低いコップ型グラス
ウイスキー・グラス	ウイスキーをストレートで供するグラス、30ml、60ml入りがある
ブランデー・グラス	ブランデー用のグラス
リキュール・グラス	リキュール用の脚付き30ml入り小型グラス
ソーサー・シャンパン・グラス	シャンパン用の脚付きの平たいグラス
フルート・シャンパン・グラス	シャンパン用の細く背の高い脚付きグラス
カクテル・グラス	カクテル用の小型足付きのグラス
ゴブレット	ビール、水、ジュース等を供する大型脚付きグラス
ピルスナー	生ビールを供するグラス、大小あり
ビアー・ジョッキ	生ビールを供する手付きのグラス、大小あり
シェリー・グラス	シェリー酒用の脚付きのグラス
ワイン・グラス	ワインを供する脚付きグラス。赤、白、ポート・ワイン用があるが、現代ではあまり分けて使用していない
パフェ・グラス	パフェを供する脚付き細身のグラスで多種ある
サンデー・グラス	脚付きの平たいグラスでアイスクリーム等に使用
アラモード・グラス	アラモードというデザートを供する、脚付きのやや大型のグラス
シュリンプ・カクテル・グラス	海老、カニのカクテルを供するグラス

別掲17 ● 基本のシルバー類

シルバー名	用　途
デザート・スプーン	軽食、一般的なアラカルトに使用するスプーン
デザート・ナイフ	軽食、一般的なアラカルトに使用するナイフ
デザート・フォーク	軽食、一般的なアラカルトに使用するフォーク
フイッシュ・ナイフ	魚料理用のナイフ、デザート・ナイフで代用する店もある
フィッシュ・フォーク	魚料理用のフォーク、デザート・ナイフで代用する店もある
フイッシュソース・スプーン	ソースをすくいやすい平たいスプーン
テーブル・スプーン	スープ用大型のスプーン
テーブル・ナイフ	魚料理以外の料理用ナイフ
テーブル・フォーク	魚料理以外の料理用フォーク
刃付テーブル・ナイフ	肉料理用ののこぎりのような刃がついたナイフ
ブイヨン・スプーン	小型のスープで使用する丸いスープ用のスプーン
フルーツ・ナイフ	フルーツに使用するナイフ
フルーツ・フォーク	フルーツに使用するフォーク
カクテル・フォーク	カクテルという料理などに使用する小型フォーク
オイスター・フォーク	牡蠣に使用するフォーク
ケーキ・フォーク	ケーキに使用する片側が平たいフォーク
ソース・レードル	ソース・ポットからソースをすくうスプーン
ソース・ポット	ソースを添える場合に使用するポット

シルバー名	用　途
サービス・フォーク	持ち回りサービスで使用する大型フォーク
サービス・スプーン	持ち回りサービスで使用する大型スプーンでフォークと対で使用
スープ・レードル	スープ・チューリンからスープをすくうスプーン
スープ・チューリン	持ち回りサービスでスープを入れる器
クリーム・スプーン	アイスクリームに使用する平たい小型スプーン
シュガー・レードル	シュガー・ポットからシュガーをすくうスプーン
シュガー・ポット	シュガーのサービスに使うポット
クリーマー	コーヒー・クリームをサービスする容器
コーヒー・スプーン	コーヒーに使用する小型スプーン
ティー・スプーン	紅茶に使用する小型スプーン
グレープフルーツ・スプーン	グレープフルーツに使用する先端が鋭角なスプーン
メロン・スプーン	メロンに使用する柄の長いスプーン
ストロベリー・スプーン	イチゴに使用する小型スプーンで潰しやすい凹凸がついている
ロング・スプーン	柄の長いスプーンでパフェ、ソーダー水に使用
れんげ	磁器でできたスプーン
櫛型レモン絞り	櫛型のレモンを絞る道具

別掲18 ● 基本的な備品の知識

備品名	用　途
レジ機	会計機のことで、コンピュータ機能を備えたものはＰＯＳレジという
ハンディ・ターミナル	ＰＯＳレジと連動して使うオーダーをインプットする機器
ケーキ・サーバー	ケーキを取り分ける器具
ケーキ・トング	ケーキをはさみ取りする器具
アイス・ペール	氷を入れるバケツ状のもの
アイス・トング	氷をはさみ取る器具
マドラー	客が飲み物を混ぜるのに使用する棒状の道具
ワイン・クーラー	ボトルのワインを冷やすためのバケツ状の器具
ウェィター・ナイフ	ワインのコルク栓を抜くための器具
タオル・ウォーマー	お絞りを保温する器具
カラフェ	ワインを供する時に使う徳利のようなガラス器具
デカンタ	小型の水差し的な器具
マガジン・ラック	雑誌、新聞等を入れておく家具
メニュー・スタンド	メニューを表示するための器具
置看板	地面に置く看板
傘袋	傘を入れる袋
傘立て	傘を立てる器具
パーテーション	衝立、目隠しのこと
サービス・ハッチ	飲食物を出し入れするカウンター
サイド・ボード	サービス用品等を格納する家具
トレイ・ラック	お盆を格納するラック
メニュー・ラック	メニューを格納するラック
アッシュトレー・シンク	灰皿洗いの流し
タオル・ペーパー	トイレに設置する紙タオル
シャボネット	液状手洗洗剤を入れる器具
逆性石鹸	シャボネットに入れる消毒石鹸
汚物入れ	トイレに設置する器具

備品名	用　途
タワシ	棒がついたタワシ
キャッシャー	会計をするところ
キャッシャー・カルトン	釣銭を載せるお盆
レシート	レジ機で印刷された領収書
会計伝票	オーダー品を書く伝票
シルバー	ナイフ、スプーン、フォーク等のこと。かつて銀製品が多かったのでこの名がある
オーガナイザー	シルバー等を格納する機器
お手もと	お箸のこと
サービス・トレイ	サービスに使用するお盆
ウォーター・ピッチャー	水差し
ウォーター・ドラフト	冷水がでるコックのこと
ビアー・ドラフト	生ビールがでるコックのこと
トーション	サービスに使用する白い布
ダスター	雑巾のこと
テーブル箒	クロスを敷いたテーブルの上を清掃する道具
ナプキン	紙製の小型ナプキン
ナプキン・リング	ナプキンをはさむ器具
ナプキン・ペーパー	紙製の小型ナプキン
ナプキン・スタンド	ナプキン・ペーパーを入れるもの
テーブル・マット	テーブルに敷く紙のマット、紙以外のものもある
コースター	グラスの下敷き、吸水性が優れている
足拭きマット	入口等に置く靴拭きマット
靴ずり	靴の泥を落とすもの
ケーキ・スタンド	ケーキをのせる、足付きのお盆
ワイン・セラー	ワインを冷やす冷蔵庫
プレート	お皿のこと

15 備品等の知識

別掲18が基本的な備品の知識である。

16 用語等の知識

飲食業の場合、かなり特殊な用語がある。それが**別掲19**である。この程度の用語は知識として持っている必要がある。

17 クローズド・マニュアルの必要性

閉店時には、後片付けをおこなわなくてはならない。これがいい加減だと翌朝の早番スタッフに迷惑をかけることになる。したがって、しっかりとしたマニュアルを作成し、それに基づいて作業をしたほうがいい。

別掲20は、その参考例である。また、電気の消し忘れとか、ガスの消し忘れ等があれば、それは火災等の危険にもつながる可能性がある。

したがって、**別掲21**のようなチェック・リストも作成しておいたほうがいい。

別掲19 ● 飲食店の基本用語

用　語	説　明
捨てメニュー	宣伝用のメニューで、チラシ的なもの
ＰＯＰメニュー	メニューテーブルなどに置く写真等を入れたメニュー
グランド・メニュー	店の基本メニューのこと
シーズン・メニュー	季節のメニュー
シーズン・スペシャル	季節のおすすめメニュー
ワイン・リスト	ワインのメニュー
アペリティフ	食前酒のこと
蒸留酒（スピリッツ）	ウイスキー、ブランデー、ウォッカ、テキーラ、ラム、焼酎等のことで、アルコール分を増すために蒸留した酒
醸造酒	自然発酵の酒、ビール、日本酒、ワイン等
混成酒(リキュール)	蒸留酒、醸造酒に、香草、果皮、果実等の抽出成分を加えて糖分をプラスした酒
ソフト・ドリンクス	ジュース、ソーダー水等のノンアルコールの飲み物
ハード・ドリンクス	アルコール入りの飲み物
ビバレッジ	飲み物総体を指す言葉
クラーレット	赤ワインのこと
赤ワイン	一般的には葡萄酒を指し、肉料理に合う。他に果実系のワインも多種ある
スパークリング・ワイン	発泡性のワイン
シャンパン	フランスのシャンパーニュ地方産の発泡ワイン

用　語	説　明
発泡清酒	日本酒で発泡しているもの
コース料理	何種かのものが順番に供される一種のセット
懐石料理(会席料理)	和食のコース料理
アラカルト	一品料理のこと
ライト・ミール	軽食のこと
リゾット	イタリア風の米料理
ピラフ	洋風炊き込みご飯のことだが、現在はフライド・ライス、カレーなどもピラフと解釈されている
フライド・ライス	焼き飯のこと
パスタ	イタリアの麺料理、代表格はスパゲッティ
デザート	冷菓、温菓のこと
スウィーツ	同上の別呼称
サイド・ディッシュ	サイド・メニューともいい、単独のオーダーはできない
持ち回りサービス	料理を大皿で運び、客席でプレートに配るサービス方法
オープン・エアー	テラス等に設置した客席
プレート	お皿のこと
燗どうこ	お酒のお燗をする機器
オーダー・ストップ	そこからはオーダーは受けない時間
ラスト・オーダー	オーダー・ストップの直前にとるオーダー

別掲20 ● クローズド・マニュアル

サービス・スタッフ

1 タオル・ウォーマーのスイッチを切る
2 音楽を消す
3 看板消灯
4 置き看板を店内へ
5 メニュー・スタンドを店内へ
6 下げものを下げる
7 テーブル上の備品を下げる→所定の位置へ
8 クリーマーのクリームは所定容器に戻し冷蔵、器は洗う
9 カスターのマスタードは別容器に戻し
マスタード入れは洗う
10 床の掃き掃除
11 水差し内の水を捨て洗う
12 雑巾、布巾、洗浄して干す
13 トイレ消灯
14 ゴミを所定の位置へ捨てる
15 私服に着替える
16 店内消灯
17 鍵をかける
18 退店

キャッシャー

1 レジの締め(精算)をおこなう
2 ジャーナル切り取り
3 現金を取り出す
4 日報作成
5 現金の合わせ
6 現金所定の袋に
7 現金、日報などを事務所へ
8 レジまわり整理整頓
9 空調スイッチ・オフ
10 ゴミを捨てる
11 私服に着替える
12 退店

別掲21 ● 退店時のチェックリスト

- □ 1 タオル・ウォーマーのスイッチは切れているか
- □ 2 トイレの水はでていないか
- □ 3 トイレは消灯したか
- □ 4 サービス側の水道はでていないか
- □ 5 空調は消えているか
- □ 6 早番への連絡事項は大丈夫か
- □ 7 もう一度店内をよく確認
- □ 8 鍵はしまっているか

第 2 章

入店時・客席案内の接客サービス

お客様というのは、第一印象をそれは大事にする。お客様にとって、店に入った瞬間が店に対する第一印象になる。したがって、その瞬間に店の印象が決まってしまうといっても過言ではないのである。

しかも、そこでの印象は結構尾を引いてしまうものだ。もし、その印象が悪いと席に着いてから退店するまで、悪い印象を持ち続けてしまうことになってしまう。当然だが、飲食物にもそのマイナス点が加点されることになる。

さらに注意しなくてはならないのは、客席への案内の仕方である。これが稚拙だったり、態度が悪かったりすると、それがまた悪印象につながりかねない。案内というのは、ただ席に案内するというだけではダメで、人数に合わせた席に、お客様の組み合わせ等にも配慮して案内することが、大事である。

この人数に合った席に案内することは、客席の稼働率を高めることにつながるし、例えば、カップルのお客様に合うような席に案内すれば、お客様にも喜ばれ、それが店の好印象にもつながっていく。

1 間髪入れず「いらっしゃいませ」

この言葉は間髪入れずにかけることが肝要である。間があってからの、「いらっしゃいませ」では間が抜けるし、お客様が歓迎されたという印象を受けることはない。また、声が小さくてお客様に聞こえないようでは、なんの意味もない。

この言葉は、客席で飲食物をサービスしているスタッフを除き、気がついたサービス・スタッフ全員でかけるようにしたい。このとき、歩行中の場合は立ち止まって「いらっしゃいませ」と声をかけるほうが印象がよい。

2 目礼、軽い会釈

ただ声だけの「いらっしゃいませ」では、あまり好印象にはつながらない。目礼、または15度程度の軽い会釈という行動がともなうと、より好感を与えるものになる。この「いらっしゃいませ」でおこなう会釈は、簡単なようでもきっちりとトレーニングしたほうがいい。

もし毎朝、朝礼をおこなうというのであれば、そこでトレーニングする。トレーニングを繰り返しおこなえば、より魅力的な発声と会釈ができるようになる。

さらにグレードを上げたいなら、
※いらっしゃいませ→笑顔→会釈または目礼
にするといい。

3 客席まで誘導する案内

この場合、

『係が客席までご案内致しますので、少々お待ち下さいませ』

という表示板が必要になる。お客様はその表示板の前で待つことになるが、

キャッシャーまたはサービス・スタッフがそばにいる場合は、表示だけにまかせずに、

「いらっしゃいませ、係がご案内致しますので、少々お待ち下さい」

と声をかけるべきである。そして、

「お席へご案内致します、こちらへどうぞ」

と先導して案内する。満席の場合は、

「いらっしゃいませ。只今お席がふさがっておりますので、少々お待ち下さいませ。恐れ入りますが、こちらにご記入をお願い致します」

と、**別掲22**のような表に記入してもらい、その記入順に案内する。

別掲**22** ● **待ち客用リストの例**

ご芳名	人数	喫煙	禁煙

ご芳名	人数	喫煙	禁煙

続いて席が空いたら、

「喫煙席(禁煙席)でお待ちの○○様、ご案内致します。こちらへどうぞ」

と告げ、先導して案内することになる。

4 席の都合で案内が後先になる場合

四人のお客様のほうが、案内する順番は先なのだが、二人席が先に空き、二人のお客様を先に案内するというケースもある。ただし、この場合、二人客に案内する旨を先に告げるのはかんばしくない。これだと、四人客は、我々のほうが先なのにと心象を悪くする。お客様は見てないようでも結構見ているものなのである。

このような場合は、

「申し訳ございません。お二人席が空きましたので、先にご案内させていただきます」

と四人客に先に断ってから案内しなくてはならない。これなら心象を害することにはならない。

5 誘導しない場合の案内

小型店の場合、席まで誘導しないというケースも多い。しかし、この場合でも口頭による誘導、または手による誘導が必要になる。

「いらっしゃいませ、あちらのお席にどうぞ」

という言葉とともに手で席へ誘導したほうがいい。これをおこなわないと、お客様はどの席に着いたらよいか戸惑うことになってしまう。

この手の案内だが、手の平を斜め上にした手でおこなわなくてはならない。決して指や手の甲側で誘導してはならない。

なお、当然のことだが、手が空いているスタッフがいるなら、席まで誘導す

ることが好ましいことはいうまでもない。

6 予約客の場合の案内サービス

予約を受けている場合、キャッシャーで
「○○時予約の○○です」

とお客様から名前を告げられる。また、予約中心の店の場合は、お客様が来店したら、

「ご予約の○○様、ありがとうございます。少々お待ち下さいませ」

となる。荷物、コート等を預かる場合は、

「コート、お荷物お預かり致します」

と言葉がけをし、預かったら、

「こちら、お預かり札でございます」

と預かり札を手渡しする。その後、

「○○様、ご案内致します」

と先導して案内することになる。

7 予約がなく席が満席の場合の対応

予約のないお客様が来店し、満席の場合は、

「申し訳ございません、只今満席でございます」

と丁重に断らなくてはならない。合わせて、

「お席が空くまでに約30分程度かかりますが、いかがなさいますか」

と聞き、ウェイティングのバー等を設置していて、待つといわれた場合には、

「よろしければ、バーでお待ち下さいませ」

と案内する。バー等がない場合は入口に置いた席に、

「こちらにおかけになってお待ち下さいませ」

と着席をすすめればいい。次に待つのは嫌だといわれた場合だが、

「次回ご来店の際は、ご予約いただければと思います、ありがとうございました」

とていねいに応対したい。

8 相席の案内

ランチタイムなど、相席をお願いする場合がある。このような場合は、

「いらっしゃいませ、ご相席になりますが、よろしゅうございますか」

とすすめる。すすめたところまではよかったのだが、その後をほったらかしにしたのでは、お客様はどの席に行けばいいのか、先客になんといって座ればいいのか、とまどってしまう。

「ご案内致します」

といって先導して案内し、先客に対して、

「申し訳ございません、ご相席をお願い致します」

と了解を求める。なお、相席は嫌だと断られた場合は、

「申し訳ございません。またのご来店お待ち致します」

と対応しなくてはならない。

第3章

注文時の接客サービス

1 メニュー表の注意点

メニュー表というのは、商品のサンプルのようなものである。物販なら展示した商品だ。

したがって、メニュー表は、

①汚れはないか

②破損している部分はないか

を開店前に点検確認をする必要がある。メニュー表に当日都合によってできない料理や飲み物がある場合は、それにシール等を貼って、オーダーされないように処置しておかなくてはならない。また、日替わりランチ等がある場合は、ランチメニューのメニュー表も準備しなくてはならない。

2 オーダーはすぐ決まるとは限らない

入る前からオーダー品が決まっているお客様もいるし、そうでないお客様もいる。オーダーが決まっている場合は、着席したらすぐオーダーをしてもらえる。すぐオーダーされた場合でも、せっかく持参したメニュー表をそのまま持ち帰ってしまったのでは何にもならない。メニュー表一部はテーブルに残しておき、テーブルセット後、またはオーダー品をサービスする時に下げるようにする。

このようにすると、オーダー後も置かれたメニューは結構見てもらえるものなのである。それが次回来店時のオーダーにつながることにもなる。

オーダーがすぐ決まらない場合は、その場で待たずに、一度下がって待機するといい。オーダーが決まれば、メニューから

目を離すとか、テーブルに置くとかという行動になるのですぐ分かるはずなので、それからオーダーを取りに行く。

また、コール・ベル等を設置してある場合は、

「お決まりになりましたら、こちらのベルをお押し下さい」

といって下がればいい。

3 お客様からの質問

お客様からはいろいろな質問が出てくる。もっとも多いのは商品の質問だが、それ以外の質問もされる。できれば、出た質問はメモに取っておき、その質問の答えをあらかじめ作っておくといい。

さて、商品に対しての質問だが、これに答えるためには、十分な商品知識を身につけておかなくてはならない。もし、商品の説明が悪かったり、曖昧であったりすると、結果としてオーダーしてもらえないということになる。いくら優秀なメニューを持っていても、宝の持ち腐れになってしまう。

お客様からされるメニューに対するおもな質問には、

①何がおいしいの？

②何が売り物なの？

③何が早くできるの？

といったものがある。これらよくある質問にはあらかじめ答えを作っておき、全員が同じ答えをすることが望ましい。例えば、

「何がおいしいの？」

という質問に

「どれもおいしゅうございます」

「なにが早くできるの？」

という質問に

「今ならなんでも早くできます」

といった返事は、なんとなく100点のような答えだが、実はこの答えは0点に近い。

「なにがおいしいの？」

に対しては、

「○○をおすすめ致します、当店の評判のメニューでございます」

と具体的な答えにならなくてはならないし、なにが早いかという質問にも、

「○○と、○○なら、早くお出しできます」

と自信を持って答えなくてはならない。これらの答えは、スタッフ全員が同じ言葉で答えられるようにすることが望ましい。

4 お客様の言葉の訂正は不可

オーダーされた品は復唱するのが理

想だが、この時、お客様の言葉を訂正してはならない。お客様が、

「コーヒー、ふたつ」

といったのに対し、

「ホットおふたつですね」

と言いかえては失礼であり、この場合は、お客様のいった言葉どおりに、

「コーヒーおふたつですね。かしこまりました、少々お待ち下さいませ」

と繰り返さなくてはいけない。

5 略語の使用は不可

飲食店の場合、メニュー名を略語にしたり詰め語にしたりしている例が多い。

例えば、

①レスカ→レモンスカッシュ
②クリソ→クリームソーダ
③アイミ→アイスミルク

④スパカルボ↓スパゲッティカルボナーラ
⑤ハムサン↓ハムサンド
⑥タマサン↓タマゴサンド

など、このような略語をお客様に対して使うのは、もってのほかだ。これではお客様はチンプンカンプンだ。

また、厨房側にオーダーを通す場合も、この略語や詰め語で使う例が多いようだが、これはできればやめたほうがいい。なぜなら、小さい店なら、厨房に通す言葉がお客様にも聞こえ、間違っていれば、

「それ違うよ、頼んだのは○○だよ」

と、訂正してもらえる可能性もあり、オーダー・ミスを少なくすることができるからだ。

なお、伝票に略語、詰め語が使われている場合があるが、これもお客様には分からない可能性があるからかんばしくない。

6 厨房へのオーダーの通し方

お客様からオーダーされたものを厨房にオーダーするが、これを〝オーダーを通す〟という。レジがPOSレジでハンディ・ターミナルを使用している場合は、オーダーはハンディ・ターミナルに打たれ、それがキッチン、またはカウンターに置かれたプリンターでプリント・アウトされるので、オーダー・ミスは少ない。

しかし、口答でオーダーを通す場合は、ダブリになるなどのミスがおきる可能性がある。そこで新しいオーダーを通す時は、

「ニューオーダー・ツー○○」

ワン・スパゲッティ
ワン・コーヒー
かしこまりました

「オーダー入ります、ツー○○」

と明確にオーダーしたほうがいい。このようにしないと、前にオーダーされたものなのか、新しく請求されたものなのかが判断できず、ダブリにつながってしまうので注意がいる。

7 厨房側の復唱返事が安心を呼ぶ

オーダーを厨房に通す。この通し方にも一定のリズムが必要になる。例えば、

「オーダー入ります。ワン・スパゲッティ・ボロネーゼ、コーヒー・ワン」

といった、オーダーではリズムはでき上がらない。正しくは、

「オーダー入ります。ワン・スパゲッティ・ボロネーゼ、ワン・コーヒー」

である。ここで問題なのは、数を先にいうか、後にいうかである。これをきっちりと決めておかないとリズムはでき上がらない。そして、オーダーを受けた厨房側も、そのオーダーに対して、リズムよく返事をしたほうがいい。この時、オーダー品を復唱した返事をすればなおいい。先のオーダーには、

「ワン・スパゲッティ・ボロネーゼ、ワン・コーヒー、かしこまりました」

と復唱すれば、ミスは少なくなるし、店の活気にもつながる。お客様にこのやり取りが聞こえたときにも、心地よい響きにもなる。

8 提供の順番を確認する

コース料理の場合、サービスする料理の順番は決まっている。したがって順番の確認は不要だが、アラカルト（一品料理）や、ライト・ミール（軽食）のオーダーが複数あった場合は、どの順番でお出ししたほうがよいか確認する。

例えば、スパゲッティとサラダ、コーヒーのオーダーの場合、オーダー復唱後、

「かしこまりました、サラダは同時でよろしゅうございますか、コーヒーは食後になさいますか、それとも食前になさいますか？」

と聞くのが親切である。普通コーヒーは食後だろうと思うかもしれないが、現代ではコーヒーは先にというお客様もかなりいるのである。

特にカフェ、カフェ・レストラン系の店の場合、コーヒーは先にというケースは結構多く、注意が必要である。

9 ドリンク・バーの場合に必要なひと言

飲み物はドリンク・バー（お客様がセルフ・サービスでドリンクを取る）になっている店で、ドリンクのオーダーがあった場合、

「ドリンクはドリンク・バーになっております。あちらでお好きなものを、ご自由にお取り下さいませ」

のひと言が必要である。また、ランチタイムのスープやサラダも、セルフ・サービスの場合は、

「サラダ、スープはあちらで、ご自由にお取り下さい」

のひと言を添えたい。このひと言がないと、お客様はサービスされるのを待ってしまうこともあり、不親切な店だという悪印象につながってしまう可能性がある。

10 その他オーダー時の注意集

①時間のかかるメニューは、その旨を告げなくてはならない

「15分ほどかかりますが、よろしゅうございますか」

②できないものは、その場で断らなくてはならない

オーダーを受けた後、間があってから、できないとお客様に告げるのでは、非常に印象が悪い。できないものは、あらかじめ厨房と連絡を取り合って把握しておき、その場で断る必要がある。

③オーダー待ちは椅子の側面で

オーダーを受けている時は、通路を通るお客様や、他のサービス・スタッフの邪魔にならないようにしなくてはならない。

別掲23を見てもらおう。これがオーダー待ちでの立ち位置になる。これなら、お客様の通行の邪魔にならないが、×の位置では、邪魔にもなるし、うっとうしい感じがするので注意がいる。

④オーダーを取るのを忘れている

一回下がってからオーダーを取る場合、コール・ベルがあるなら別だが、そうでない店ではその席から呼ばれていないかということに気を配る。オーダーをしたいのに、なかなかオーダーを取りに来ないと、お客様の心象はかなり悪くなってしまう。

別掲23 ● オーダー待ちでの立ち位置

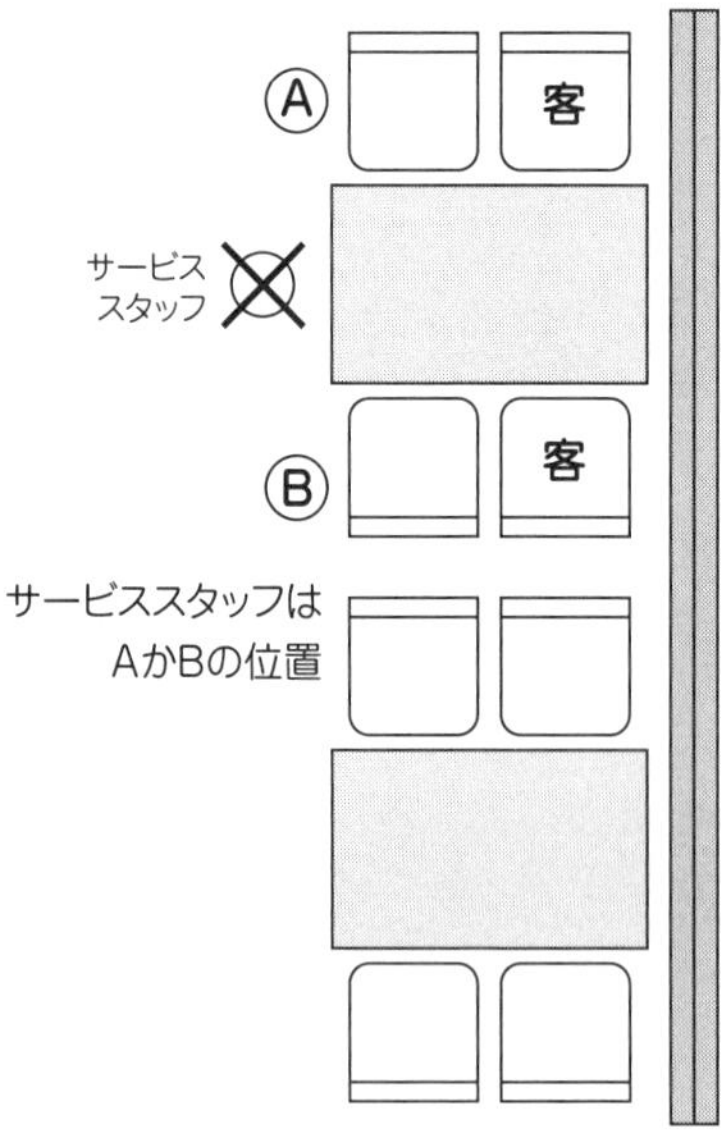

第 4 章

商品提供時、下げる時の接客サービス

1 提供時には必ず声をかける

商品の提供時にはいろいろなトラブルがおきやすい。中でも料理や飲み物をこぼしてしまったり、衣服を汚してしまったり、さらには火傷をさせてしまったりというトラブルは致命的なミスになってしまう。

なぜこのようなトラブルがおきるのかというと、お客様は自由に動いているため、いつ、どのように動くのか予測ができないからである。そこで、絶対に必要になる言葉が、

「お待たせ致しました」

という言葉である。この言葉をかければ、お客様の動きはたいてい止まる。したがって前述したようなトラブルは、かなりの確率でふせげる。

また、子ども客の場合は、大人には予測できない動きがある。そのため、声をかけても安心はできない。いっそうの注意が必要だ。

2 ミスをしてしまった場合

どんなに気配り気遣いをしていても、ミスがおきる可能性は十分にある。したがってミスがおきたら、それから逃げずに適切な処置に当たらなくてはならない。実はミスがあってもその処置がよければ、そのミスはほとんど取り返せるといっていいのである。

反面、処置が悪いと、そのミスの傷は深くなるし、下手をすると、とんでもないトラブルに発展するので、ミスをおかした時にこそ慎重に対応しなければならない。

まず、こぼしたりした場合は、

「申し訳ございません、かかりませんでしたでしょうか」

とすぐにあやまるのが大事だ。次にお客様の衣服にかかった場合は、

「申し訳ございません、只今おしぼりをお持ち致します」

といって、おしぼりを数本持参し、再度あやまる必要がある。なお、このとき、相手が同性なら拭くのを手伝ってもいいが、異性の場合は誤解が生じたり、セクハラに取られたりすることがあるので、十分に注意しなくてはならない。

　さらに、このようなミスがおきた場合は、すぐ上司に告げ、上司にもあやまってもらい、クリーニング等の処置を申し出なくてはならない。

　もし、熱いものをこぼしてしまったら、火傷にもつながる危険性がある。この場合は、その手当ても必要で、近所に掛かりつけの病院があるなら、そこへの同行をお願いしたほうがいい。そうでない場合も、治療費を支払う旨の申し出が必要だ。

　なお、このようなトラブルには、当事者のスタッフ以外にも手の空いているスタッフが手伝い、一緒にあやまったほうが誠意を感じてもらえる。こういう対応をすれば、お客様の心象はかなりよくなるはずである。

3 オーダー・ミスはすぐに取り替えること

オーダーされたものをサービスしようとしたら、

「これ、違うよ、私が頼んだのは○○だよ」

といわれてしまった。これもよくおきるミスである。このような場合、

「いいえ、たしかに○○でお受け致しましたが」

といって争ってはならない。実際にはオーダー・ミスは、ほとんど店側のミスである場合が多いのである。もしこのようなオーダー・ミスがおきた場合は、

「申し訳ございません、すぐお取り替え致します」

と対応しなくてはいけない。中には、それでいいといってくれるお客様もいるが、それでも再度ミスを詫び、こちらの誠意を伝えることが大切である。

4 思い込みがオーダー・ミスにつながる

お得意様の場合、いつもオーダーするものが同じだと、「このお客様には、このメニュー」という思い込みが発生する。そして、その思い込みがオーダー・ミスにつながってしまうことがある。オーダーを聞く時は、思い込みは一切捨てて、オーダーを受けなくてはならない。このようなことからも復唱するということが大事なのである。

5 提供メニューに添える言葉

提供メニューには、必ず添えなくてはならない言葉がある。例えば、

①熱々の鉄板皿で供するメニュー

「鉄板がかなり熱くなっておりますのでご注意下さい」

②グラタン、ドリアのように器が熱々のメニュー

「器がかなり熱くなっておりますのでご注意下さい」

これが蓋付きの場合は、

「蓋をお取り致します」

といって、静かに蓋をはずすようにしなくてはならない。

③テーブルで調味料、甘味料等を加えてもらうメニュー

「こちらのメニューは、お醤油でお召し上がり下さい」

など使用する調味料を告げるのが親切だといえる。

④食べ方が分からないメニュー

店のオリジナルメニューの場合は、どうやって食べれば分からないメニューもある。このような場合は、

「こちらは○○をかけ、混ぜてお召し上がり下さい」

と食べ方を説明するひと言を添えると親切だ。

6 下げていい合図

ナイフ、フォークで供したものには、下げていいという合図がある。

ナイフ、フォークがプレートに〝ハの字型〟に置いてある場合は、まだ飲食中という合図で、ナイフ、フォークが揃えてプレートの右上に置いてある場合は、下げていいという合図になる。しかし、このルールを知らないお客様もいる。したがって、ナイフ、フォークが揃えてあったとしても、

「お下げしてよろしゅうございますか」

または、

「お下げしてよろしいですか」

と声をかける必要がある。この声をかけないと、まだ食べているのにというクレームにもつながる

【まだ途中の合図】

【下げていい合図】

し、店の印象も極端に悪くなるので注意がいる。

7 下げる時の雑音は厳禁

食べ終わった料理の器を下げる時には、プレートやカップを重ねたり、シルバーをまとめたりという作業がともなう。こういった作業をテーブル上の空間でやってはならない。テーブル上で作業をすると、お客様に汚れが飛ぶなど、トラブルの原因になることも多いからだ。しかも、器を重ねるときの雑音も大きく聞こえる。

下げるものをまとめる作業は、

テーブルから外れた位置でおこなうほうがいい。さらに、下げるものだからといって、乱暴に扱ってはならない。できるだけ音を立てないように工夫することだ。なお、下げたあとのテーブルは汚れていることが多いので、それらを拭き取る作業も忘れてはならない。

8 複数客にはできるだけ同時に供する

複数客で、オーダーがマチマチの場合、商品のサービスにあまり時間差があってはならない。先にサービスされた人は、遠慮して他の人のものが来るまで待つ可能性がある。そうすると、先にサービスされた料理や飲み物が冷めてしまったり、麺類などはのびてしまったりなど、品質が低下してしまうことになる。当然、それは〝おいしくない〟という評価につながってしまう。

仮に先に飲食を始めた場合でも、他の人のものがサービスされるのを気にすることになるし、サービスされていないお客様はお客様でイライラすることになる。

そのため、まったく同時にお出しすることはできなくても、できるだけ時間差がなくサービスできるよう、厨房スタッフともども工夫しなくてはならない。

9 アフターを請求されるのは失格

デザートや飲み物を食後にといわれた場合、

「食後のデザートを持ってきて」

と呼ばれるようでは、サービス・スタッフとしては失格である。食事が終わった頃を見計らい、

「デザートをご用意してよろしゅうございますか」

とこちらから声をかけなくてはならない。そのためには、客席には常に気を配り、そのタイミングをつかむことだ。

なお、複数客の場合、全員が終わる頃合いで、同時にサービスするのが大前提である。

10 子ども客への気遣い、気配り

子ども客というのは、ある意味において、店の選択権を持っている。つまり子どもが、

「あの店は嫌だ」

といってしまえば、その店は選ばれないことになる。したがって、子ども客にはとりわけ気遣いとか気配りが必要になる。

①子ども用の椅子を用意する

子どもの場合、普通の椅子では飲食がしにくい。このような場合には用意してある子ども用の椅子を、

「只今、お子様用の椅子をご用意致します」

といってすぐに準備し、すすめなくてはならない。なお、子ども連れの場合は、椅子が取り替えられるテーブルに案内することも重要になる。

②子ども用のシルバーを準備する

子ども客の場合、大人用のシルバーとか、お手もとでは食べにくい場合がある。子どもが使いやすいシルバー等を準備するとともに、場合によっては取り皿等を用意し、

「こちらをお使い下さいませ」

とサービスをすると喜ばれる。

第 5 章

レジの接客サービス

後勘定の場合、レジが店の印象を決める最後の場所になる。万一、ホールでスタッフのミスがあって気分を悪くしていても、ここでの印象がよければそれを取り返すことが可能だ。

1 会計時の基本のサービス

基本的なレジ係の作業は**別掲24**になる。このサービス中、釣銭が多い場合は、お札と小銭を分けて返すとお客様にも分かりやすく、トラブルも少なくなる。

例えば、千五百円の会計で一万円札が出された場合、

「最初に大きいほう、八千円のお返しです」

として、

「小さいほう、五百円のお返しです」

となればいい。なお、このような場合で、五千円札がない場合、

「申し訳ございません、全部千円札になりますが、ご了承下さい」

というひと言を付け加える。

別掲24 ● 会計時の接客マニュアル

「ありがとうございます、伝票お預かり致します」

↓

レジ打ち込み

↓

「○○円頂だい致します」
金銭授受

↓

ちょうどの場合
「ちょうど頂だい致します」

釣り銭がある場合
「○○円お預かり致します」

↓

釣り銭を準備する
「○○円お返し致します」

↓

「ありがとうございました」

2 出された札はすぐレジに入れない

出されたお札をすぐレジに入れてしまうと、トラブルにつながる可能性がある。

釣銭を渡そうとした時に、

「今出したのは一万円だよ」

といわれてしまった。こんなトラブルが結構おきるのである。しかも、故意にやられる場合もある。

この場合、お札をすでにレジの中に入れてしまっていたら、

「いや、千円でございました」

といい張ることは難しい。あまりいい過ぎると、

「私が嘘をついているっていうのか」

ともめごとになってしまう。こうなってしまったらレジ・スタッフでは対応できなくなる。店の責任者に告げ、その場を収めてもらわなくてはならない。

しかも、結果的には店側が折れるより仕方がない。したがつて、もらったお

札は必ず、その金額、例えば、五千円札なら

「五千円お預かり致します」

と復唱し、すぐにレジの中には入れず、釣銭を出してから入れるようにしなくてはならない。

3 接客最優先が基本

レジ・スタッフは会計作業をしているだけが業務ではない。他にも、

①客席に目を配る

②間に合っていないサービスを手伝う

③電話の応対をする

といった作業がある。同時にレジ・スタッフは、

①売上計算

②時間時間の締め、または早番遅番の締め

③伝票の整理

といった事務的な作業もこなさなくてはならない。例えば、締めの計算の途中でお客様の会計になった場合、あとちょっとで計算が終わるからといって、「申し訳ございません、少々お待ち下さい」

と先に計算を片付けようとするケースがあるが、これは接客サービスとしては落第点である。こんな場合は、途中であっても即座に計算をやめ、お客様の会計作業を最優先におこなわなくてはならない。締めの計算などは、その後にいくらでもできるし、例えやり直しになってもたいした作業にはならないはずだ。

4 釣銭は十分用意しておく

レジを開けたら釣銭が不足していて、お客様には待ってもらい、慌てふためいて両替に走る。それでも店の事務所に釣銭の予備があればいいが、そうでない場合はかなり待たせてしまうことになる。

釣銭は常に確認して、不足しそうなら早目に準備しておかなくてはならない。

5 クレーム処理はレジ係の重要任務

客席でクレームがつけば、サービス・スタッフがこれに対応することになるのだが、客席でクレームはつけず、レジでクレームをつけるお客様も結構多い。そのため、クレームはあらかじめ想定しおき、それに対処する方法をマニュアル化しておくとよい。

例えば、

①提供が遅かった

②違うものがサービスされた
③ぬるかった

というようなクレームはある程度想定できるものだ。

このクレームを上手に解決するために必要なのがあやまりの言葉である。よくいい訳をしてしまう例があるが、絶対にいい訳をしてはならないし、その必要もない。お客様はそんなことを求めていないのである。間髪入れず、

「申し訳ございません、次から注意致します」

とあやまれば、クレームの半分は取り返せるといっていい。ただし、中にはレジ・スタッフでは解決できないものもある。このような場合はすみやかに上司に告げ、対応してもらうことが肝要だといえる。

6 伝票に間違いがある

①伝票についている商品が間違っている

よくあるミスである。こんな時担当したサービス・スタッフを探し右往左往して確認している例がある。だが、このような場合、お客様が嘘をつくということはまずない。すぐに、

「申し訳ございません、ご注文頂いたメニューは何だったでしょうか」

とあやまり、その上ですぐ訂正し、会計にあたらなくてはならない。

②メニューと値段が違う

伝票についている値段がメニューに表示されている値段と違うといわれた場合、すばやく確認し、

「大変申し訳ございません」

とすぐに訂正しなくてはならない。このようなミスは店の信用にかかわる問題なので、重ねて

「大変申し訳ございませんでした」

とあやまる必要がある。

③オーダーしていないものが付いている

伝票に記載ミスがある場合もあるし、他の席の伝票と間違えている場合もある。このような場合もそれをお客様に確認したりしていてはいけない。①と同様の処置をとらなくてはならない。

7 伝言は確実に

レジ係は、お客様からお客様への伝言を頼まれたり、電話でことづけを頼まれたりすることが多々ある。また、お客様からお客様への預かりものを頼まれることもある。このようなことは忙しかったりすると、忘れてしまう可能性がある。しかし、それらがお客様にとってとても大事なことであったら、一大事である。忘れましたでは済まされない。

このミスを防ぐために、専用のノートを作っておくとよい。伝言や預かりものを頼まれたらこのノートに即座にメモをしておく。〝あの店は確実で安心だ〟

と、結果としてサービスの好評価につながっていくものになる。

8 電話の取り次ぎで店のムードを壊さない

外部から店内のお客様に電話がかかってくる。お客様の○○さんを呼んでほしいという電話だ。こんな場合、

「お客様で○○様いらっしゃいますか」

と音楽を止めてマイクでアナウンスしたり、小さい店で大声をあげて呼んだりするのはかんばしくない。なぜなら、これでは店のムードはその一瞬台なしになってしまうからである。こんな場合は、白板等に、

『○○様にお電話がかかっております』

と書き、客席を回るようにしたい。店は脱日常のムードも売り物で、そのムー

ドを一瞬でも壊さないようにするためである。

9 レジ係はレジ作業だけが仕事ではないが…

大型店の場合は、レジ係はレジ専門の係になっているケースが多い。しかし中型以下の店の場合は、そんなわけにはいかない。レジ係も接客等の作業も兼ねることになる。

このようなシステムになっている場合でも、レジ係はレジ部分に常に気配りをしていなくてはならない。お会計のお客様に気がつかず、ここでお客様を待たせてしまっては、かなりの悪印象につながる。

すぐに気がついてレジカウンターに行ったとしても、

「申し訳ございません、お待たせ致しました」

とあやまりの言葉をかけ、それから計算をし、

「ありがとうございます、○○円頂だい致します」

とスムーズにこなさなくてはならない。

10　釣銭が少ない場合の接客

日によっては、細かいお金が少ないという日もある。女性客の場合は、比較的ちょうどになるように支払うという人が多いのだが、男性客の場合、細かいお金があっても無造作に一万円札を出すというケースが多い。このような場合は、

「申し訳ございませんが、細かいのをお持ちではないでしょうか？」

と聞いてみるといい。案外持っている場合が多いのである。もちろん、細かいお金で出してくれた場合は、

「ありがとうございました」

と礼を述べる。

11　子ども客には子どもに合わせた対応が必要

レジカウンターには、子どももついてくる。こんな場合、子どもに何か動作

があれば、それに対応しなくてはならない。

①子どもが〝にこっと〟笑う

こちらも、それに応え〝にっこり〟しなくてはならない。もし、こちらが無視をすれば、子どもを傷つけてしまうことになる。

②子どもが手を振る

こちらも、それに合わせて手を振るべきだ。

③子どもが話しかけてくる

無視をしないで、それに応えるといった対応が、子どもの店への支持につながるといっていい。

第 6 章

見送りの接客サービス

レジでの接客サービス、それに続くお客様が退店するまでの接客サービスが悪いと、残念ながらリピート来店は望めない。店にとって大事なのは、いかにしてリピート来店をしてもらい、その上で新顧客を獲得していくかなのである。競合が激しい現代では、その競合に勝つためにも、できるだけリピート客を獲得することが重要である。

客を迎えるサービスも大事だが、さらに大事なのは、客を見送るサービスだということを認識しておこう。

1　気がついた全員で見送りの言葉をいう

客を送り出すときの基本は、気がついた全員で、

「ありがとうございました」

の声をかけることである。そして、客席で作業中以外のスタッフは目礼、または15度の軽い会釈の動作を加える。また、責任者が見送りできる場合は、

「ありがとうございました。またのご来店をお待ち致しております」

または、

「ありがとうございました、またどうぞ」とできるだけていねいに声をかけられればなおいい。

よくスタッフ同士でカウンターやハッチ前で雑談をしていて、ただ振り向いただけの活気のない声での「ありがとうございました」や、もっとひどい場合は振り向きさえしないという例もある。これではお客様は本当にありがたいと思われているのか疑問に思ってしまうし、また来ようという気もわいてくるはずがない。

2 手が空いているスタッフはドアのところへ

手が空いていて雑談しながら「ありがとうございました」といい、また雑談に入る。これではとてもお客様に支持されるサービスとはいえない。

レジ係またはサービス・スタッフの手が空いているようなら、入口のそばまで行き、場合によってはドアを空けるぐらいのことはしなくてはならない。

3 客単価の高い店の見送りは

レストランや和食店、居酒屋のように客単価の高い店の場合には、ただ、

「ありがとうございました」

の言葉だけではダメである。そのような業種、業態の店では、必ず入口まで行き、送り出すことが重要になる。さらに店が地下一階とか二階以上の場合には、エレベーターを呼び、お客様が乗り込んで扉が閉まるまで、見送りをする。

多少酔っているような場合は、

「ありがとうございました。お気をつけてどうぞ」

のひと言を添える。

4 「会計は客席で」となっている場合

会計を客席でする業態の場合、

『お会計は客席でご用命下さいませ』

という表示を小さく出しておく。

または、

『お会計の際、係にお渡し下さいませ』

とプラスチックの札に書いたものを置いておくか、食事が済んだ頃にその札をテーブルの上に置く。この場合、伝票は客席には置かず、レジカウンターに置いておくというシステムになる。

このシステムの場合は、まず客席に呼ばれ、お会計ということになる。

「ありがとうございます。只今お会計を致

しますので、少々お待ち下さいませ」

といって、キャッシャーで計算をして、伝票をキャッシャー・カルトンまたは伝票ホルダーにのせて客席に行く。

「ありがとうございました。お会計は○○○○円でございます」

とキャッシャー・カルトン、または伝票ホルダーにのせた伝票を明示する。

お客様がお金を出し、それがちょうどなら

「ちょうど頂だい致します。ありがとうございました」

という流れになる。次にお釣りがある場合は、

「ありがとうございます。○○○○円お預かり致します。只今お返しをお持ち致しますので、少々お待ち下さいませ」

と必ず、預かったお金を復唱して下がり、釣銭を用意して、再び客席に行く。

そして、

「ありがとうございました。○○円のお返しになります。ご確認下さいませ」

となる。

このような会計システムの店は、客単価がやや高い店である。したがって、

お客様が席を立ったら、必ずドアのところまで行き、ドアを空け、

「ありがとうございました」

といって、目礼または15度のお辞儀をして見送ることが望ましい。

5 セルフ・サービスの場合の見送り

セルフ・サービスの場合、飲食後の食器等は、下げ台まで下げてもらうことになる。このようなシステムになっている場合、お客様が下げるのが当然だという考え方でいてはダメである。このお客様の行動に対して、常に感謝の気持ちを持っていなくてはならない。お客様が下げていることに気がついたら、

「恐れ入ります、ありがとうございます」

の言葉をかけたい。このひと言が好感のもてる見送りの言葉となる。その上で全員が、

「ありがとうございました」

といって見送ろう。

第7章

販促・売り込みの接客サービス

販促というのはやや高度な接客サービスになるが、オーダーの時に接客スタッフが〝売り込み〟を実行すれば、それはお客様への親切にもつながる。店にとっては客単価の向上にもつながるし、売上の向上にもつながる。したがって、販促接客のトレーニングというものも検討しておかなくてはならない。

1 メニューは必ず見せる

カフェなどの業種では、「メニューは持っていっても見ないから」という経営者やサービス・スタッフが多い。しかし、これは間違いであって、見ないのではなく見せ方が悪いのである。

第一メニューを見せなくては、いくらいいメニューで構成していても、いくら創作性の高いメニューで構成していても、それがお客様の目に触れ、オーダーにつながることはない。メニューはとにかく必ず持参していくことだ。もし、メニューを見せる前にオーダーされてしまったら、

「メニュー一部をこちらへ置かせていただきます。よろしければご覧下さいま

せ」

　とテーブルの上に置いてくればいい。実はそのようにして置かれたメニューは、かなりの高い確率で見てもらえるのである。そうすれば、「何だ、こんなメニューもあるんだ」ということに気づいてもらえ、次回来店時のオーダーにもつながる。つまりメニューを置いてくるだけでも、販促の一つの手段になると考えていい。

2 どちらのコーヒーになさいますか

　オーダーを取りにいったら、すぐに「ホットコーヒーふたつ」とオーダーされた。このような場合でも、たとえば**別掲25**のように

別掲25 ● コーヒー

別掲26 ● トースト

ホットコーヒーに種類があるなら、

「コーヒーはどちらのコーヒーになさいますか」

と、メニューを広げて見せるといい。また、トーストをオーダーされた場合で、**別掲26**のようなメニューがあるなら、これも同等のことができるはずである。つまり、メニューは工夫すれば見てもらえる。見てもらえないのは見せ方が悪いといえるのである。

3　メニューはできれば手渡しで見せるといい

前述したように、メニューを必ず見せることが重要である。そしてメニューは人数分を持参しなくてはならない。三人のお客様なのに一部のメニューでは、順番にメニューを見ていかなくてはならず、オーダーが決まるのが、かなり遅

くなってしまう。

次にメニューの見せ方だが、お客様が見やすいように、例えば見開きのメニューなら、開いて、

「メニューご覧下さいませ」

と一人ひとりに手渡すようにしなくてはならない。もしシーズンメニューのようなサブメニューがあり、そのメニューをすすめたいなら、

「こちらシーズンメニューでおすすめです、ご覧下さいませ」

と手渡さなくてはならない。

また、メニュー表は、汚れがないかをきちんと点検して持参しなくてはならない。見せたメニューがソース等で汚れていたら、店の清潔性が疑われることになる。

4　新メニューを売り込め

新しく開発したメニューがあり、それをすすめたい場合は、

「こちら新メニューでございます、よろしければいかがですか」

とすすめる。そしてこのような場合、お客様はそのメニューについてたずねてくる場合が多い。ここで、

「こちらのメニューはイタリア産のパンチェッタを使用した、コクのある味が特徴のスパゲッテイでございます。なお、花野菜のサラダがサービスでついておりますのでお得かと思います」

というように、分かりやすい説明が必要になる。これで、この新メニューをオーダーしてもらえる可能性はかなり高くなるといっていい。

5 時間のかかるメニューのオーダーは販促チャンス

メニューの中には、調理に時間のかかるメニューがある。このようなメニュー

がオーダーされた場合は、

「こちら、少々お時間がかかりますが、よろしゅうございますか」

とあらかじめ断るのが親切である。「どのくらいかかるのか」と聞かれたら、おおよその時間を告げるといい。告げておかないと、

「頼んだの、まだこないけど、どうしたの」

というクレームにつながるので注意が必要だ。お客様としては、もしかしたら忘れたのではないかと心配になるわけである。日本人は結構せっかちなので、何も告げないで15分以上も待たせると、お客様はかなりイラ立つことになる。

このような場合、時間がかかるのは嫌だというお客様もいる。もし時間がかかるのは嫌だといわれたら、この時にこそ販促のチャンスがある。

そこで、あらかじめこれをすすめるという料理を何品か決めておき、

「こちらの商品はいかがでしょうか？　皆様においしいという評判を頂いております」

とおすすめする。100％とはいわないが、すすめたものが注文される確率はかなり高いといっていい。

6 商品を質問されれば販促チャンス

メニュー表を見せると、お客様からいろいろな質問が出る。特にお客様自身が知らないメニューで興味があるものには、質問が出る可能性が高い。この時重要になるのが、〝商品知識〟である。商品について上手に説明できれば、その商品をオーダーしてもらえる可能性はぐんと高くなる。ここで、

①首をかしげたり
②説明ができなかったり
③説明が曖昧だったり

では、その商品をオーダーしてもらうことはできない。特に説明が曖昧だ

と、サービスされた時に説明と違うという、クレームにさえつながるので注意がいる。

もし説明ができないのなら、

「少々お待ち下さい、只今詳しいスタッフを伺わせます」

といって、すぐ説明のできるスタッフを呼び、説明してもらうようにしなくてはならない。

7 飲み物をすすめるのは押し売りではない

ワインや食前酒をメニューに構成してある場合、

「お食事の前にお飲み物はいかがですか？　食前酒、ワインはこちらになっております」

とすすめるといい。だがここでも大事なのは、それらの商品知識である。最近では、ワインや食前酒のついての知識を深めているお客様も増えているが、実際にはまだまだ知識は浅いといっていい。したがつて、

「この赤ワインはどんな味なの？」

「シェリー酒ってどんなお酒？」

などと聞かれることも多い。この時、一緒に首をかしげているようでは、とてもそれらのドリンクをオーダーしてもらうことはできないだろう。これらのドリンクについては、メニューに説明を入れるだけではなく、サービス・スタッフが知識を吸収するためのトレーニングをする必要がある。

なお、ワインや食前酒は、食中でも飲むものである。したがってグラス・サービス（グラス、ワイン、タンブラー等で供したもの）は、グラスが空いたら、

「お代わりはいかがですか」

とすすめることで、販売促進につながる。

このようなサービスをすると、押し売りではないかという経営者もいるが、これは押し売りでも何でもない。現代のお客様は、すすめられても、いらなければはっきりと断ってくるので、そういった心配をする必要はない。

8　ヘルシー性は販促の武器になる

現代はヘルシー性が求められている。だからヘルシー性を強調すると、それが販促の武器になる。特に女性客はこのヘルシー性に弱い。例えば、どんなメニューなのかたずねられた場合、その商品の説明と同時に、

「こちらのメニューは、お野菜が中心になっておりますので、とてもヘルシーかと存じます」

というひと言が大きな販促につながる。また、美

肌にも弱いので、

「こちらは、コラーゲンがたっぷり含まれたお料理になっております」

といった言葉も女性の弱みをついた販促語になるといっていい。

9 食後の飲み物は販促につながる

オーダーを取る場合に、例えば、

①サンドウィッチ

②ケーキ

③デザート

といった料理には飲み物のオーダーがあるのが普通なのだが、中にはオーダーをしない、または忘れるお客様もいる。こんな場合は、

「お飲み物はいかがなさいますか」

とすすめなくてはならない。店によっては、同時オーダーや食後の飲み物が、サービス値になっているケースもある。こんな場合はそのサービスも、

「お飲み物もセットになさいますと○○円引きのサービスになっております」

と告げたほうがいい。この他にも、サイド・オーダー、例えば、

①ミニサラダ

②カップスープ

③ミニデザート

などのメニューも販促では大きな武器になる。

10 子どもに甘い現代の親

子ども客がいる場合、そこに大きな販促チャンスがある。子ども客用のメニューを見せて、子ども客に直接販促するといい。例えば、

「こちらのメニュー、おいしいですよ」

とすすめれば、子供はそのメニューを注文してくれる。子供がそれにするといえば、親は多少高くても、それでいいというケースが多い。

11 途中で下げる時は販促チャンス

前述しているが、空いた食器等は途中で下げることにより、接客の作業効率はよくなるし、退店後の片付けもスピーディになる。さらに、席待ちのお客様の案内もスムーズになる。

この途中で下げるというのは、効率をよくする利点があるのに加えて、ここが販促の絶好のチャンスでもある。

例えば、

「お下げしてよろしゅうございますか」

といって、よいといわれた場合は、

「お下げ致します」

といって片付ける。片付け終わったところで

「食後に何かお召しあがりになりますか」

と、デザート、飲み物をすすめてみよう。いらないといわれれば、そこは引けばいいが、

「そうだな」

といわれた場合は、

「只今メニューをお持ち致しますので、
少々お待ち下さいませ」

として、メニューを持参すればいい。

第 8 章

カウンター席、テーブル席、座敷等、店舗別の接客サービス

1 バーテンダー、バリスタはサービス・スタッフでもある

カウンター席がある店では、バーテンダーは酒を調合していればいいとか、バリスタはエスプレッソ・マシンの操作とソフト・ドリンクスを作っていればいいというわけにはいかない。また、コックも板前も、料理を作っていればいいというわけにはいかない。

カウンター席というのは、調理者もお客様と対面サービスになるのだから、サービス・スタッフと同等のサービス・マナーが必要だし、販促サービスが必要なのである。

さらに、お客様は、調理者の作業を目の当たりにすることになるのだから、調理技術もある程度熟達していなくてはならない。もし、ここで稚拙な技術を見せてしまえば、店全体の評価は落ちてしまうので、十分注意しなくてはならない。

別掲27 ● カウンター・サービスの接客マニュアル

「いらっしゃいませ」

↓

席に誘導
「こちらのお席へどうぞ」

↓

おしぼりサービスがある場合
「おしぼりどうぞ」

↓

お客様がおしぼりを使い終わるのを見計らって
「メニュー、ご覧下さいませ」……… メニューは手渡す

↓

やや間をおいてから
「オーダーをお伺い致します」

↓

オーダーを聞いたら
「かしこまりました。少々お待ち下さい」………
- オーダーがソフト・ドリンクスの場合、冷水サービス
- オーダーがハード・ドリンクスの場合、コースターを出す

↓

オーダー品を調整
「お待たせ致しました。ごゆっくりどうぞ」

↓

以後すべてのカウンター席へ気配り

↓

お客様が退店する

↓

「ありがとうございました。またのご来店お待ち致しております」

2 カウンター・サービスの基本

カウンター・サービスの基本は**別掲27**になる。これを参考にして業態に合ったものを作成すればいい。

3 お客様の話しかけには応じなくてはならない

こちらからベラベラ話しかける必要はないし、話しかけてはならない。なぜならば、話しかけられたくないというお客様も多いからである。

また、カップルや複数客の場合、お客様の会話の中に割り込んでいくのも禁物である。

さて、お客様の中にはスタッフに話しかけてくる人もいる。この場合はその話しかけに応えなくてはならない。特にメニューに対する質問などには、的確に応えなくてはならない。

「アメール・ピコンってどんなお酒なの？」

と聞かれて、

「さあ？」

と答えたのでは、お客様は不安になってしまうし、これでは追加のお酒もオーダーしにくくなってしまう。

メニュー以外の話題としては、

①スポーツ
②芸能
③評判の新店
④流行の食材
⑤世相

等が多い。これらにもある程度相槌を打つ程度のことは必要になる。したがって対面でサービスもおこなう調理者は、そのような話題の知識を日ごろから吸収することを心がけていなくてはならない。

4 顧客優先になりやすいカウンター席

カウンターに座ったお客様で、よくやってくるお客様は、お客様から話しかけてくる。また、その反対で、スタッフ側から話しかける場合も多い。

しかも、アクションをまじえて会話することもおきる。すると、そこには、一種独特な友だち的な雰囲気ができ上がってしまう。しかも、スタッフはそれがいいサービスだと思っている。だが、このような状況は今日初めてやってきたというお客様に、自分へのサービスと差がありすぎるといった印象をもたらしてしまう。スタッフもその常連のお客様との会

話にのめり込んでしまうことになる。これが他のお客様への気配りや気遣いを、おろそかにしているということにつながってしまう。

これがバー等の場合、他のお客様が追加オーダーをしようかなと思っても、なかなか気づいてもらえないということになり、下手をすると追加オーダーをあきらめてしまうことになる。カウンター席の場合のサービスは特定のお客様だけへの気配りや気遣いでは失格で、全席への気配りが必要である。

5 一線は守れ

これは、カウンターだけにいえることではないが、カウンターの場合、よくやってくるお客様とは、友だち感覚になりやすい。例えば、お客様と一緒に大声で笑ったり、肩をたたいたり、乱雑な言葉使いだったり。このような行為は、他のお客様にとっては非常に印象の悪いものだ。お客様はあくまでもお客様であり、決して友だちではない。したがって、言葉使いや動作には十分注意しなくてはならない。

また、店に自分の友だちがやってきた場合も、友だちなのだからいいだろうと、くだけたサービス、会話になってしまう例が結構多いが、友だちであろうが、恋人であろうが、お客様はお客様だ。きちんとした接客をしなくてはならない。

6 見える厨房、見えるカウンター

カウンター席に座ると、カウンター内や厨房内が見えるという店も多い。見えること自体は一向に構わないのだが、そこに、

①床にゴミが散乱し、ぬかるみのように汚れている
②食材が乱雑に置かれている
③作業台の上が乱雑
④汚い鍋やフライパンで調理している

別掲28 ● カウンター例-1

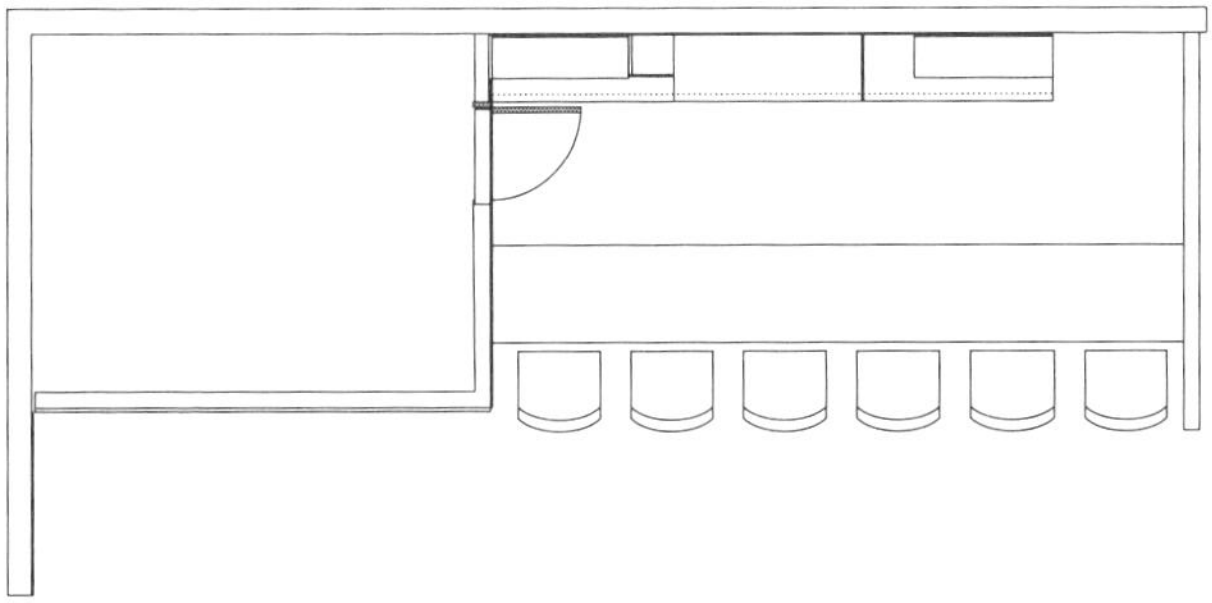

という光景が見えてしまったら、カウンター席に座ったお客様は、その店全体の清潔性に疑問を持ってしまう。これは、店のレイアウトにも問題があるのだが、**別掲28**のような直線のカウンターの場合、カウンターの下部や床は見えない。しかし、**別掲29**のカウンターの場合、座る場所によってはカウンター内がほとんど見えてしまうので、特に清潔性には注意を払わなくてはならない。

7 記憶力が必要なカウンター・サービス

カウンター・サービスで必要になるのが記憶力である。例えば、お得意様の場合、

「いらっしゃいませ」

「いつもの」

別掲29 ● カウンター例-2

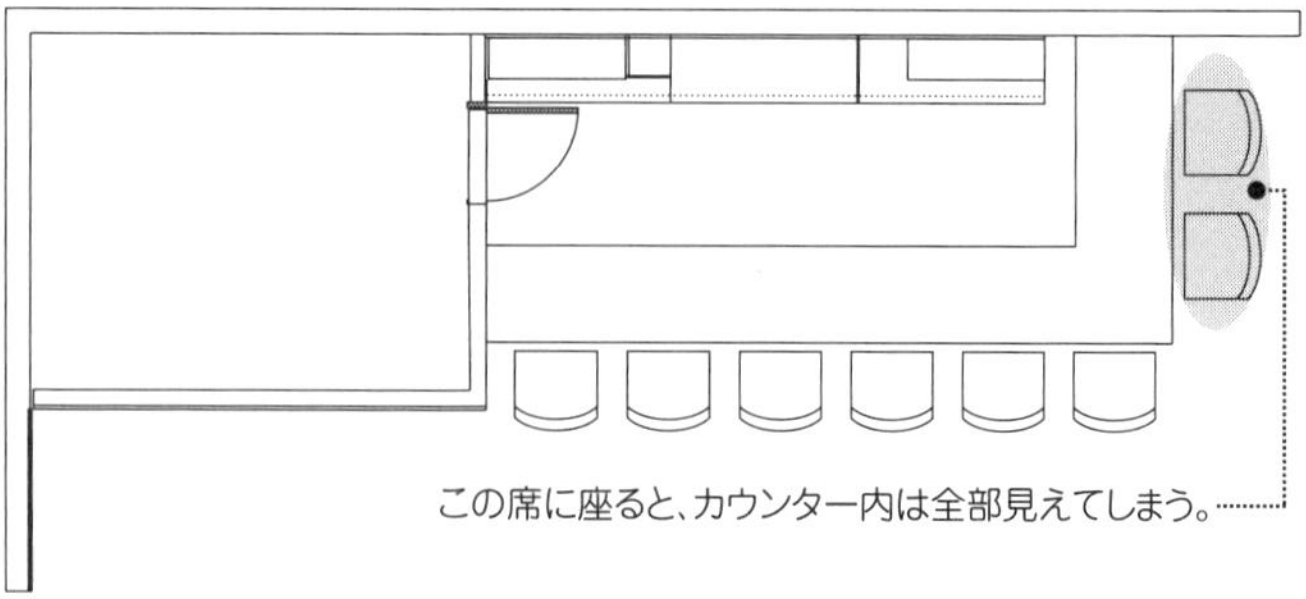
この席に座ると、カウンター内は全部見えてしまう。

というオーダーになる可能性がある。

お客様としては、よく来ているのだからこれで分かるはずだと考えている。こんな時、その「いつもの」が分からず、首をかしげて、

「えーと、何でしたっけ?」

と聞き返してしまったら、お客様はおおいに失望する。このような場合は、

「かしこまりました、少々お待ち下さい」

とオーダーに応えなくてはならない。

これができればお客様に満足してもらえる。

お客様の

①顔を覚える

②名前を覚える

③過去のオーダーを覚える
④好みの味を覚える

ということをバーテンダー、バリスタ、調理者、サービス・スタッフ等の職業なら、当然できなくてはならないのである。優秀なバーテンダーは、千本程度のボトル・キープのキープ客、すべての顔、名前を覚えているぐらいなのだ。

8 座敷席への案内

すべてが個室の店では、玄関から履物をぬいで上がる場合（以下Aという）と、部屋の前までは履物のまま行くという場合（以下Bという）がある。

まず、Aの場合だが、この場合の迎え方は、正座で指をつき30度前後の姿勢で迎え、お客様が全員上がったら立ち上がって案内する。また、このような場合でも、立ったまま、15度前後の会釈で迎える場合もある。

次にBの場合だが、この場合は立ったまま15度前後の会釈で迎える。

そしてA、B共に、

「いらっしゃいませ、○○（室名）へご案内致します」

と先導する。このとき、室名をいうのは、ここでお客様に室名を覚えてもらうためである。なお、このような店は予約が中心になる。予約でお客様の名前は分かっているのだから、できれば、

「○○様、いらっしゃいませ、○○（室名）へご案内致します」

となるとさらにいい。

9 大座敷、小上がりへの案内

この場合は、立ったままで、

「いらっしゃいませ、何名様でしょうか」

と人数を確認してから、先導して案内する。小上がりの場合は小上がりに上がるところで、履物をぬいでもらい、それをそろえる作業、または履物入れに格納することになる。

次に履物は玄関でぬいでもらい、個々に履物ロッカーに入れてもらうという場合は、

「いらっしゃいませ、履物は空いているロッカーへどうぞ」

とひと言添え、それが終わってから、

「お席にご案内致します、こちらへどうぞ」

と案内する。

10 座敷席でのオーダー取り

小上がりでは、スタッフは通路でオーダーを取ることになる。しかし、小上がりに上がってオーダーを取らなければならない場合は、立ったままというわけにはいかない。これではお客様を見下ろすことになってしまうからだ。この

ような場合は跪座《きざ》（膝を床につけ、つま先を床に立てる座り方）でオーダーを取り、室内の多少の移動も膝歩きで移動するのが失礼のない作法となる。オーダー品を運ぶ場合も、同様に跪座でサービスする。

11 お客様の持ち物等に手をかける時

座敷の場合、お客様はコートや上着をぬぐ可能性がある。そのコートや上着、荷物等がサービスの邪魔になるようなら、ハンガーにかけたり、隅に寄せたりといった作業が発生する。

このような場合は必ず、

「上着をハンガーにおかけ致します」

とか、

「上着をハンガーにおかけしてよろしゅ

うございますか？」

荷物の場合なら、

「お荷物をこちらに移動させていただきます」

と声をかけなくてはならない。上着等に触られたり、荷物に触られたりすることを極端に嫌うお客様もいるので注意しなくてはならない。

12 座敷の通路を歩く時は小幅歩き

小上がりや座敷の場合、通路等を歩くサービス・スタッフはできるだけ小幅に歩かなくてはならない。着物の場合は特に大股に歩くのは禁物である。なぜなら大股だと、裾さばきがきれいに見えないからだ。

なお、小上がり座敷の場合、お客様の目線は、歩いているサービス・スタッフの脚部になる。したがって、着衣は下半身部分に汚れがないか注意しなくてはならない。同時にほこりを立てず、極力雑音を少なくして移動しなくてはならない。

13 座敷の場合の料理の出し方

座敷では、立ったままでのサービスはできない。前述したように跪座が基本になる。料理はお盆、長手盆にのせて運び、自身の横に置き、テーブル上にサービスする。この場合できれば、

「お待たせ致しました。○○（料理名等）でございます」

と料理名を告げてサービスし、食べ方が分かりにくいものは、

「○○をかけてお召し上がり下さい」

といった言葉を添えるようにしたい。

14 個室の場合のサービス

個室の場合は、座敷内に入ってサービスすることになる。この場合、履物をぬいで座敷内に入る場合は、ぬいだ履物を手で揃えることをしてはいけない。なぜなら、履物に触れた手には不潔感があるからだ。履物が揃うようにぬぎ、

跪座で、

「失礼致します」

と必ず声をかけて、入ることが重要だ。このとき、引き戸（襖、障子等）の場合は片手ではなく、もう片方の手を添え、まず半分開け、その後全部を開けるようにする。両開きになっている場合は、下座側の襖を開けるのがルールだ。

15 コース料理のサービス

コース料理の場合、原則としては料理の順番を重視する。例えば、スープを食べ終わらないうちに魚料理を供してはならない。したがって、次の料理を出すタイミングをサービス・スタッフが気配りしなくてはならない。

ただし、和食で酒席の場合、料理はなかなか進まないことも多い。このよう

な場合は、ある程度の間隔をおけば次の料理を供してもいい。なお、最後の食事だけは、

「このあとお食事になりますが、ご用意してもよろしゅうございますか?」

と声をかけて確認しなくてはならない。

「まだ飲むから、もうちょっと後にして」

となったら、

「かしこまりました、その時はお声をおかけ下さいませ」

と下がればいい。

16 洋食コースの持ち回りサービス

洋食の場合には持ち回りサービスというのがある。このサービスは、人数分の料理を、プラター(大皿)にのせ(スープはスープチューリングに入れ)、客席で大皿等からサーバー(サービス用の大型スプーン、フォーク)で取り分けていく方法である。

この場合、プレートはあらかじめセットしておく。そして料理が食べ終わったら、そのプレートを下げ、次のプレートを配っていく。このサービスの場合はサービスするたびに必ず、

「失礼致します」

と声をかけなくてはならない。声をかけないと、お客様が急に動いたりして、危険をともなうことになる。

洋食では、このサービスが最も技術が必要なサービス方法になる。したがって、かなりトレーニングを徹底して、熟練していないと、的確なサービスはできないので注意がいる。

第9章

客待ちの接客サービス

お客様が店にいない場合、どうしても店内の空気はだらけたものになってしまう。しかしお客様はいつ来店するか分からない。だらけていたりすれば、それはやってきたお客様には伝わるものである。たるんだ店だなという印象を与えてしまわないよう、いつお客様がやってきてもいいように、気を引きしめた状態で客待ちをしなくてはならない。

1 意識は常に入口に

お客様が店内にいない場合、他の作業、例えば、

①シルバー磨き
②ガラス磨き
③グラス磨き
④備品の整理整備
⑤備品等の補充

等の作業にあたっていることがある。しかし、これに没頭するあまり、お客

様の来店に気づかないということがおきる。ややあってから気づき、「あーー！　いらっしゃいませ」ではお客様も気合抜けだ。「いらっしゃいませ」の言葉は間髪入れずに発声しなくては意味がないのである。したがって、他の仕事をしていても、意識は常に入口に集中しておく必要がある。

意識は常に
入り口に集中
気づいたらすぐに
「いらっしゃいませ」

2 案内なしに席に着いた時のお客様の不安

お客様が自由に席に着けるシステムになっている場合、「いらっしゃいませ」の声がかからない、また、冷水等がサービスされないと、「私が来たのがお店の人には分かっていないのでは」と不安になる。

ましてや、前客の食べ終えた器がテーブルに残っていたりしたらなおさらだ。

「ちょっとすいません、お願いします」と呼ばれてからやっと気がつくようでは、お客様の印象は極端に悪くなる。これでは、出された飲食物も、悪い印象のまま飲食するので、その価値は半減するといわなくてはならない。

〝いらっしゃいませ〟の言葉は貴方がお見えになったのはわかっていますよ、しばらく待っていて下さいという意味をもっている言葉なのである。

3 雑談に夢中は不快

調理者、サービス・スタッフがハッチ前に集合して雑談に夢中になっている。それでもお客様が来店したことに、すぐ気がつけばまだましだが、雑談に夢中になっていると、気づかない場合が多い。

雑談は誰にとっても楽しいが、これでは来店したお客様は嫌な感じを受け取る。お客様がいなくても、その時間は勤務時間中なのである。したがって、私語雑談は禁止なのが常識だ。

なお、この雑談中にお客様の噂話などしていたら、それこそ大変だ。サービス業の場合、例えいい噂であっても、お客様のことは絶対口にしてはならない。ましてや悪い噂など、もってのほかである。これは店内ではもとより、店外で

も口にしてはならない。ちょっとしたことでお客様の耳に入らないとも限らない。壁に耳あり障子に目ありということを忘れないようにしたい。

4 客席へ着席は不可

お客様がいない時に、客席に腰をおろし、お客様が来店したら慌てて立ち上がる。入って来たお客様は、その動作を感じとるものなのだ。

なお、これは小型店で休憩する場所がない場合でも基本的には禁止である。もし、やむをえず休憩に客席を使用するというのであれば、お客様からは目立たない席で、できればユニフォームだと分からないように、上着を着るなどして休憩しなくてはならない。できればパーテーション（衝立）などで、客からの視線を遮る工夫をすべきである。

さて、通常休憩がとれるのは、暇な時間である。そのような時間なら、厨房内とか、カウンター内で休憩はとれるはずである。このようなことも検討してみる必要がある。

5 客待ちの基本姿勢

客待ちの姿勢で難しいのは、姿勢と手の位置である。

まず、姿勢だが、背筋は伸ばして、〝気をつけ〟の姿勢で、肩から力をぬいて立つ。踵はつけて、爪先は30度程度に開いた〝ハの字〟の立ち方がいい。

次に手であるが、これは何も持っていない場合は自然におろし、身体につけるのが正しい位置だ。飲食業の場合、トーションを持って待機の姿勢をとる。この場合は、左の前腕を45度まで曲げて腹部につけ、その前腕にトーションをかけるのが待機の姿勢になる。

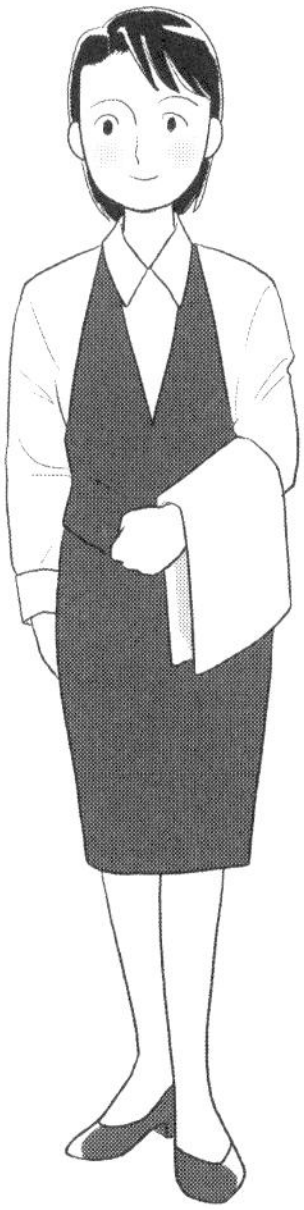

次に重心だが、

①重心を左右のどちらかにかける

②重心を後ろにかける

③重心を片方の腰にのせる

という姿勢はかんばしくない。このような重心のかけ方は、どちらかというとだらしない姿勢になってしまうので注意しなくてはならない。

なお、お客様がおらず、手が空いているようなら、入口のドアのそばに立つようにしたい。

6 物に寄りかからない

①カウンターに寄りかかる
②カウンターに肘をのせる
③かべに寄りかかる
④レジカウンターに寄りかかる

という姿勢は厳禁である。これらは非常にだらしなく見える姿勢である。
その上、寄りかかったままで、お客様を迎える挨拶をするなど、もってのほかである。

第 10 章

電話応対の接客サービス

1　まずお礼をいう

電話がかかってきたら、すべてお客様からかかってきているという意識で受けなくてはならない。電話に〝もしもし〟といって出るケースが多いが、この言葉は必要ない。

受話器を取ったら、

「お電話ありがとうございます、レストラン○○でございます」

と、まず電話をかけてきたことに対する礼を述べ、店名を告げる。相手側から、

「レストラン○○ですか?」

といわれてしまうのは、礼の言葉が遅いからに他ならない。これでは電話の受け方としては失格である。

2　呼び出し音の調整

店内にせっかくムーディーな音楽が流れているのに、けたたましい呼び出し音が客席にまで鳴り響く。これでは、せっかくのムードは台なしになってしまう。

そこでまず、呼び出し音はできるだけ小さめに調整しなくてはならない。

また、電話機によっては、やわらかい音が出る機種もあるので、そこまで気を使うとなおいい。電話に出た時にも、話し声が遠いと、つい大きい声で、

「もしもし」

といってしまうが、お客様にとってはこれが意外に雑音になってしまう。そこで、

「恐れ入りますが、お電話が遠いのですが、もう少々大きい声でお願いできませんでしょうか」

と電話の相手にお願いし、大きな声を極力出さないようにしたい。

3 電話をかける場合の基本

こちらから、電話をかける場合は、

「レストラン〇〇の〇〇でございますが、お世話様です」

とこちらの名前を名乗り、その上で用件を伝えなくてはならない。相手から、

「どちら様でしょうか」

と聞かれるようでは、電話のかけ方としては失格である。なお、電話をかける場合は、あらかじめ用件をまとめ、かけてからマゴマゴしないようにしないと、やたら時間がかかってしまうので、十分注意しなくてはならない。

4 店の者は呼び捨てが基本

店のスタッフに私用電話がかかってきた場合、店がどのように取り決めているかによっても違ってくるが、原則として取り次がないのが普通である。

取引先等からの電話の場合では、担当者を呼ぶときに、例えそれが上司であっ

ても呼び捨てにする。電話がかかってきて、「○○さんを呼んで下さい」といわれたら、店長や社長であっても、

「○○でございますね」

といって、用件のある人物の名前を確認する。それから相手の名前を、

「恐れ入りますが、どちら様でございますか?」

または、

「恐れ入りますが、お名前お伺いしてもよろしいでしょうか?」

と聞かなくてはならない。

5 お客様からお客様の呼び出し

店にはお客様から、お客様への呼び出し電話がかかってくる場合がある。この場合は、

「お電話ありがとうございます。レストラン○○でございます」

「お客で○○が行っていると思いますので、呼んでもらえますか」

「○○様でございますね。只今お呼び出し致しますので、少々お待ち下さいませ。失礼ですがお名前をお伺いしてもよろしいでしょうか?」

と聞いて、お客様を呼び出すことになる。お客様がいた場合は、

「恐れ入ります、○○様よりお電話がかかっておりますので、レジカウンターまでお越し下さい」

となる。もし、呼び出しのお客様がいらっしゃらない場合は、

「申し訳ございません、お探し致しましたが、お越しになっていらっしゃいませんでした」

と伝える。

6 スタッフへの緊急電話

スタッフへの電話は取り次がないのが基本だとしてあっても、緊急を要する場合もあり、その場合は取り次がざるを得ない。こんな場合は、子機を使用して、お客様から見えないところで話してもらうようにしたい。また、

「申し訳ございませんが、すぐ折り返しさせますので」

といって、相手の名前、電話番号を聞き、こちらからかけさせるようにしてもいいだろう。

7 予約の電話

予約は、お客様に〝席は必ず確保します〟という約束の電話である。したがってお客様がやって来たときに席が取れていないのでは、店の信用にもかかわるし、次からの予約の期待もできなくなってしまう。

しっかりとした予約ノートを作り、席が取れていないというようなミスのないようにしたい。予約の受け方だが、そのポイントは、

①予約日、時間、人数を確認

「ありがとうございます。ご予約でございますね。ご予約の日時とご人数をお伺い致します」

②当日の席の状況確認→予約帳

予約帳で予約の状況を確認して、席が確保できる場合は、

「お席はお取りできます」

③席の希望

中には、窓際がいいとか、個室がいいとか、席に希望がある場合があるので、

「恐れ入ります、ご希望のお席がございましたら、お伺い致します」

と聞くほうが親切である。

④お客様の姓名、住所、電話番号確認

「お名前とお電話番号よろしいでしょうか」

と確認する。

⑤料理、飲み物の確認

料理は店に行ってからという場合と、決まっている場合がある。コース料理の予約の場合は、

「コースは、〇〇〇円、〇〇〇円の二種類になりますが、どちらのコースになさいますか？」

と確認する。コースの内容を聞かれた場合は、それを説明しなくてはならない。コース

であっても、中に嫌いな料理が入る場合があるので、

「もしお嫌いなものがございましたら、お伺い致します」

と聞いたほうが親切だといえる。そして、次に、

「お飲み物は何をご用意致しますか」

と飲み物も聞き、ここまでのすべてを復唱していく。なお、予約を受ける担当者がいる場合は、最後に、

⑥受けたスタッフの氏名を告げる

「ご予約承りました。○月○日○時にお待ち申し上げております。私○○が承りました。ありがとうございました」

というのが予約の電話の手順になる。

8 予約の電話（宴会、パーティー等）

大人数の予約、例えば宴会やパーティー等の予約も電話で入る場合がある。この場合も、一般的な予約と同じなのだが、大人数の予約では特に付け足さな

くてはならないものがある。

①集まりの趣旨の確認

宴会、パーティーはどんな趣旨の宴会、パーティーなのかを確認する。

「このたびのご宴会はどのようなお集まりでしょうか、表示をお出し致しますが、どのような表示にしたらよろしいでしょうか」

と聞く。表示を間違えてしまうミスをしないよう、後日表示の内容をファックス、またはメールで送ってもらうと間違いがおきない。

②料理、飲み物の確認

宴会、パーティーの場合は、総額予算で決まっていることが多いので、

「お料理とお飲み物は、どの程度のご予算でご用意致しましょうか」

と確認する。

「お飲み物は何をご用意致しましょうか」

と、まず飲み物の内容を聞き、次に、

「お料理に何か特別なご希望はございますか」

と料理の内容を聞くといい。

9 宴会予約の場合は打ち合わせが必要

宴会、パーティーでは、規模（人数）が大きくなる場合が多い。したがって、ただ電話だけのやり取りではトラブルがおきやすい。

「くわしいお打ち合わせをお願いしたいと思いますが、こちらから指定の場所にお伺い致しますので、ご都合のよろしい日をお知らせ願えますか」

と聞き、こちらから出向くか、相手の担当者に来てもらうかして、綿密な打ち合わせをすることが望ましい。

10 予約の確認電話

予約のトラブルで多いことの一つに、予約日にお客様がやって来ないということがある。

②二、三人程度の少人数

①料理は店に行ってから決める→これなら料理は作っていない

の場合は、お客様がやって来なかったからといって、ほとんど損害はない。

また宴会、パーティーの場合でも、

①事前に会って打ち合わせをしている

②いつも利用してもらっている顧客

の場合は、当日やって来ないということは、まずあり得ない。しかし、そうでない場合は、

「ご確認のため、前日にお電話をさせていただいて、よろしゅうございますか」

と聞いておく。そして、前日に、

「○○様でしょうか、明日のご予約の確認でお電話させていただきました。お

変わりございませんでしょうか」

と電話をかけ、変わりないということであれば、

「ありがとうございます。明日お待ち申し上げます」

と確認をしておけば安全だ。いたずらや嫌がらせの予約も結構あるので、注意しなくてはいけない。

11 スタッフが使用した電話を渡す場合

お客様にかかってきた電話の受話器をお客様に渡す場合は、送話口にはスタッフの唾液等が飛んでいる可能性がある。

そこで、きれいな布等で拭いてから、

「どうぞお使い下さいませ」

と渡せば、非常に清潔感が出る。

12 お客様から電話かけを頼まれた場合

お客様から、「電話をかけて○○を呼び出してほしい」と頼まれる場合がある。この場合、どこにかけて、誰を呼び出すのかを聞いて、こちらの名前は出していいのかを確認してから、電話をかける。

「恐れ入りますが、○○様いらっしゃいますでしょうか」

といい、こちらの名前を出していいという場合は、

「○○様の代理のものでございます」

となる。もしこちらの名前は出さないで、といわれた場合は、

「○○と申します」

と自分の名前を告げることになる。

13 業者からの電話、業者への電話

材料の注文で業者からの電話もある。この場合でもベルが鳴った段階では、業者なのか、お客様なのかは分からない。したがって、

「お電話ありがとうございます。レストラン○○でございます」

という受け方は一緒である。業者の名前を告げられたら、

「○○さんからお電話です」

といって、担当の調理者等に出てもらうことになる。

次に注文等で業者へ電話をする場合だが、この場合はあらかじめ用件をまとめておき、できれば、子機等を使用して、目立たないようにかけなくてはならない。

第 11 章

お客様に対する注意の促し方

1 携帯電話を使うお客様

携帯電話の普及はすさまじく、今や全員が持っているといっても過言ではない。しかし普及につれていろいろトラブルもおきている。飲食店でのトラブルの多くは、客席で大きな声で話すというものである。

飲食店では会話がつきものだ。だから携帯での会話があってもかまわないのではないかと考えるかもしれないが、電話の会話というのは、実は普通の会話とは異なり、かなり異質のものなのである。

したがって、携帯電話での会話が聞こえてくると、店内の雰囲気はかなりこわれてしまう。かけている本人はいいのだが、他のお客様にとっては非常に耳障りなものになってしまう。そのため最近の飲食店では、店内での携帯の使用は禁止にしている店が多い。

『恐れ入りますが、客席での携帯のご使用は、ご遠慮下さいますよう、お願い致します』

という表示を出しているのだが、日本人のモラルが低下したのか、これを無

視するお客様は結構多いのである。このような場合は、

「恐れ入りますが、客席での携帯はご遠慮下さいませ、入口付近でお願い致します」

と注意をうながさないと、結果無法地帯になってしまう。それでもやめてもらえない場合は、責任者に注意してもらうことが必要である。

2 忘れた携帯に電話がかかってきた場合

携帯電話の忘れものは非常に多い。この忘れた携帯電話に電話がかかってくることがある。この場合、電話に出るべきかどうか迷うことがあるが、忘れた本人からの電話の場合もある。したがって、

「こちらこの携帯の持ち主ではございませんが、お忘れものなので出させてい

ただきました」

と断って出るべきである。もし持ち主からなら、

「携帯のほうはお預かりしておきますので、ご都合のよろしい時にお立ち寄り下さいませ」

と対応する。本人からではない場合は、

「もし、ご連絡がつくようでございましたら、レストラン○○がお預かり致しておりますとお言付けをお願いできませんでしょうか」

と聞いてみるといい。

3　大声を出すお客様には注意がいる

多人数客の場合に多い例だが、大声でどなりあったり、手拍子をとったりと騒がしいお客様も中にはいる。その声が他のお客様の迷惑にはならない席での大騒ぎならいいが、他のお客様に多大な迷惑がかかっているというのであれば、

「申し訳ございません、他の席のお客様の迷惑になりますので、もう少々お静

かにお願いできませんでしょうか」

と注意をうながしたほうがいい。こうしないと、結果として他のお客様からの信頼を失うことになってしまう。なお、このような場合は責任者に告げ、責任者から注意してもらうのが無難である。

4 泥酔のお客様

お酒を中心に売る業態の場合、お客様がお酒に酔うのは当然である。中には泥酔して他のお客様に迷惑をかけるというケースがある。

このような業態では、一人で来るお客様は少なく、何人かで来ているはずだ。

その場合、全員が泥酔しているという例は少ない。その中で比較的意識がしっかりしているお客様を見つけ、

「恐れ入りますが、お連れ様がかなり酔っていらっしゃるようですので、ご注意お願いできませんでしょうか」

とお願いするとよい。

5 元気すぎる子ども客への注意

子ども客は店にとっては大事なお客様なのだが、その子どもが他のお客様の迷惑になるといったケースがある。例えば、

①フロアーを駆けまわる
②備品をほうり投げる
③厨房に入ってくる
④あちこちの席を巡回してまわる

など、意外によく見る光景である。こういう場合、昔の親なら注意したのだ

が、最近の親は甘やかして知らんふりをする例が多いのだ。子どもなのだから、多少のことは我慢するよりないが、目にあまる場合は親に注意をうながす必要がある。

第一、スタッフは熱い飲食物を運んでいる。その間をぬって駆けまわられたのでは危険きわまりない。仮にぶつかって怪我や火傷でもさせてしまったら、それこそ親は黙っていない。損害賠償責任にまで発展してしまう可能性もあるのである。したがって、

「申し訳ございませんが、危のうございますので、ご注意お願いできませんか」

と親に注意をしてもらう。そのほうが結果としては親切なのである。

6 子どもが泣きわめく

いくら子どもは泣くのが商売なのだからしょうがないといっても、他のお客様にとっては非常に迷惑である。親の中には、抱いて外に出るなど気を使ってくれる親もいるのだが、そのまま泣かせておくという親も少なくない。このような場合も、

「恐れ入ります、他のお客様のご迷惑になりますので」

と注意をうながす必要がある。同時に、個室など場所が空いているのなら、

「あちらを、お使い下さいませ」

と案内できればなおいい。

7 他の席に構わず話しかける

男同士のお客様が、女性同士のお客様に話しかける。また最近ではその逆もある。このような場合、嫌がっているかどうかは、見れば分かるし、それがク

レームになる場合もある。このような場合、嫌がっているお客様の席を、さりげなく取り替えるぐらいの気配りが必要だ。それでも、その席に押しかけて行くようなことがおきたら、責任者に状況を説明し、注意してもらわなくてはならない。このような状況をほったらかしにしておくと、店に対する信頼感をなくし、結果として客を失うことにつながってしまうからだ。

8　閉店時のお客様への退店のうながし

ほとんどの店は閉店時間の30分くらい前にオーダーストップにし、その先はオーダーを受けないと決めている。したがって、その時間がきたら、

「恐れ入ります、ラストオーダーになりますが、オーダーございますか」

と聞けば、間接的に閉店が間近だと告げたことになる。さらに、お客様に迷惑のかからないところから、片付けを始めれば、これも閉店間近だということを告げていることになる。

ところが中には、それでも帰らないお客様もいる。このような場合は、閉店

8～10分前になったら、

「申し訳ございません。レジをしめますので、お会計お願い致します」

と、会計をしてもらうといい。これでもまだ帰らないというお客様には、

「申し訳ございません。閉店になります。またのご来店を心よりお待ち申し上げております」

とていねいに詫び、帰ってもらうようにする。

第12章

クレーム・苦情処理の接客サービス

現代はクレーム時代である。こんなことぐらいでといったことでもクレームがつく。サービス業の場合も同じで、どうしてもクレームはついてまわるし、いくら注意してもクレームを100％回避することはできない。問題はその処理なのである。クレームがつくと、どうしても逃げ腰になりがちだが、逃げ腰はその傷を大きくするだけになってしまう。

したがって、逃げないでぶつかっていかなくてはならない。そして、その中には自身では解決できないようなクレームもつく。こんな場合はすみやかに責任者に報告し、その処置に当たってもらわなくてはならない。

1 いい訳はご法度

クレームがついた。それが自分のミスでない場合、どうしてもいい訳をしてしまったり、他人のせいにしてしまったりする。例えば、オーダーしたものが遅いというクレームに対して、

「只今調理場のほうが立て込んでおりまして、すいません」

という。調理場が立て込んでいるなどというのは、店側の事情だ。しかも、あやまりの言葉が後になっている。こんな場合は、

「申し訳ございません、急がせますので、もう少々お待ち下さいませ」

とか、

「申し訳ございません、もう少々お待ち下さいませ」

といわなくてはならない。

2 後からのお客様にサービスしてしまった

間違って、後からやってきたお客様のほうに、同じメニューにもかかわらず、先に商品をサービスしてしまった。このようなミスはよくおきる。

お客様は気がつかないのではと思うかもしれないが、見ていないようで結構見ているものなのである。何であちらが先にサービスされるのかと憤慨し、

「○○は我々のほうが先に頼んだのだけど、いったいどうなっているの」

とクレームをつけてくることもある。この場合は、店の一方的なミスなので、

すぐ手違いを認めて、

「こちらの手違いで、大変申し訳ございません、すぐお持ち致しますので、少々お待ち下さい」

とあやまらなくてはならない。

クレームがついたときは詫びることでそのミスの半分ぐらいは取り返せるが、問題なのは憤慨してもクレームをつけないお客様なのである。このような場合、かなり気分を害して退店されてしまうことになる。しかも、このお客様は、気分を害しただけにとどまらず、次にはきっとやって来ないだろう。

3 オーダーされていないものをサービスしてしまう

二人以上の場合、同じものがオーダーされるとは限らない。したがつて、同席のお客様へオーダー品を提供する時に、正しく注文の品をサービスできるとは限らない。このようなことがないように、サービスの時は、

「○○はどちら様ですか?」

と確認してお客様に提供する必要がある。ただこれでは、本来はいいサービスだとはいえない。なぜならば、そんなことを確認しなくても、間違いなく提供されるのが、真のサービスだからである。できれば、伝票にお客様には確認しなくても、間違いなくサービスできるようなしるしをつけておくのが理想だ。

別掲30を見てもらおう。このようにテーブル席の記号を決めておき、**別掲31**のように伝票にしるしをつけておけば、お客様に確認しなくても、的確なサービスが可能になる。なお、オーダー時に個々にオーダーしてもらった場合はいいのだが、一人が代表してオーダーされた時に、どのメニューがどのお客様なのかを、

「○○はどちら様でしょうか?」
とこの段階で確認しておかなくてはならない。

別掲30 ● テーブル席の記号を決める

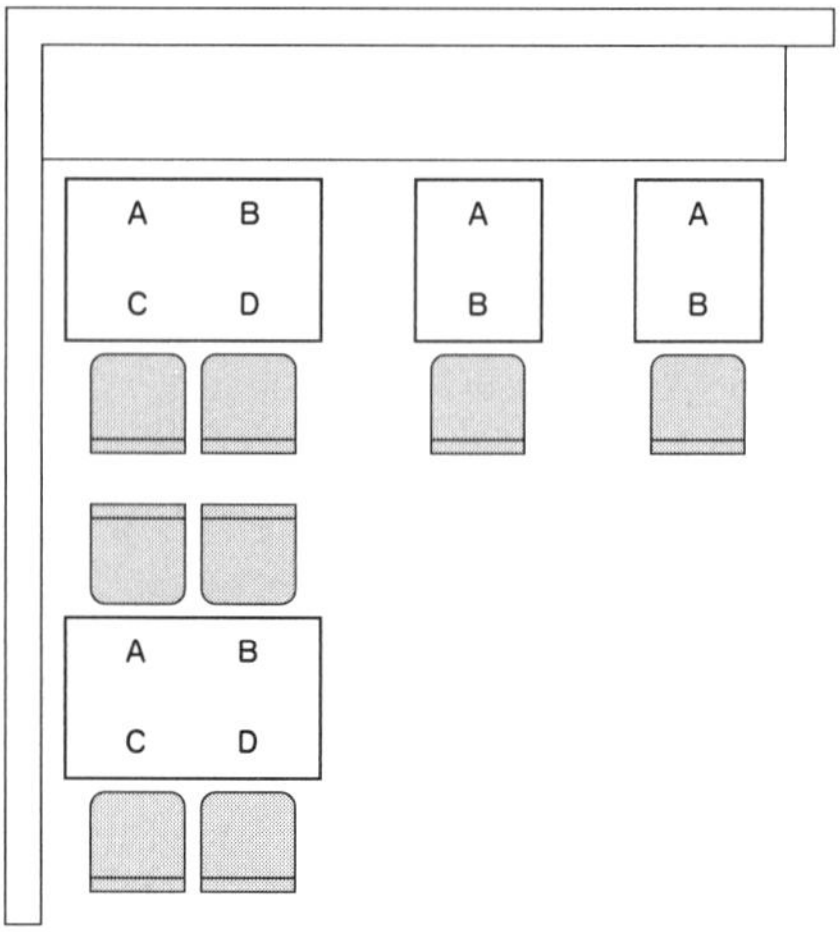

別掲31 ● 伝票にチェックする

カフェレストラン

F F F F C
M M M M C

月日	○/○
係名	佐藤

品　名	数量	単価	金　額
カルボナーラ　A	1	780	780
ペスカトーレ　B	1	780	780
合　計			

テーブルNo. 5　　伝票 No.123456

4 飲食物に異物が入っていた

①髪の毛
②ハエ、蛾等
③ゴキブリ
④糸くず

等の異物が入っていた。当然、このようなことがないように、料理や飲み物を供する前にハッチでチェックしなくてはならないのだが、それでもこのようなミスはおきる可能性を持っている。

「こんなものが入っていたよ、どうなっているの」

とクレームがついてしまったら、

「申し訳ございません、すぐお取り替え致します」

と平身低頭であやまらなくてはならない。しかし、

「もういらない」

と席を立ってしまうお客様もいる。この場合は、

「申し訳ございません、少々お待ち下さい」

といって、大至急責任者を呼んで、一緒にあやまる必要がある。なお、店内では、

①厨房内の清潔維持

②サービス・ハッチ前の整理整頓、清潔維持

を徹底しなくてはならないし、定期的な害虫駆除をおこなっていなくてはならない。また、私服着用の店の場合、毛糸などニットのようなものの着用は制限しておかなくてはならない。さらに、女性のサービス・スタッフでロング・ヘアーの場合、髪の毛をまとめて結んでもらうという取り決めも必要になる。

もし、再度のサービスを了解してもらった場合には、最優先でその料理をサービスして、レジ係にも連絡しておき、退店時レジでもあやまること。お会計はサービスすることにしておくといい。

5 臭いがある、傷んでいる

お客様から呼ばれ、

「これ変な臭いがする、傷んでいるんじゃないの」

といわれた。このような場合は、

「申し訳ございません、すぐお調べ致します」

といって、すぐに商品を下げて調べなくてはならない。それが、香辛料とか特殊な調味料の匂いの場合はその理由を述べるようにするといい。しかし、この場合でも、

「申し訳ございません、香辛料に○○を使用しておりますのでこの匂いなのですが、よろしければ他のメニューとお取り替え致しますので、オーダーをお願い致します」

と付け加えると親切である。

もし本当に傷んでいるための異臭の場合、これは責任者も同行しなければならない。

「申し訳ございません、すぐにお取り替え致しますのでしばらくお待ち下さい

ませ」

と、謝罪する必要がある。なお、傷んでいて異臭というのは、絶対にあってはならないミスである。食材の扱いには充分に注意し、このようなミスをおこさないようにしなくてはならない。

6 お客様が火傷をした

メニューの中には、器ごと熱くなっているものがかなりある。そのようなメニューの場合は、

「器が熱くなっておりますので、ご注意下さいませ」

と注意をうながしてサービスしなくてはならない。しかし注意をうながしたのだが、うっかり器にさわってしまったりすることは十分考えられる。この場合でも、器が熱すぎて火傷したとクレームがつく可能性がある。しかし、

「ですから器が熱くなっておりますのでと申し上げましたのに」

といってはいられないのがサービス業なのである。

「申し訳ございません、大丈夫でしょうか」

と対応しなくてはならない。もしそのようなシーンに直面したらクレームがつく前に、

「大丈夫でしょうか、すぐお薬ご用意致します」

といって、冷やしたおしぼりや火傷薬、絆創膏等を持参するぐらいの気配りが必要なのである。

また、熱いものをこぼしたりして、火傷がひどいようなら、責任者に告げ、病院まで同行していくことも必要になる。

このようなことを、ほったらかしにすると、これが後日大きなクレームにつながる可能性があるので注意がいる。

7　衣服等を破損した

①置いてある荷物に引っかかった
②テーブルにささくれがあり、そこに引っかかった
③椅子にささくれや破損があり、そこに引っかかった
④カウンターの腰部分のささくれにストッキングが引っかかった

こうした原因で衣服等が破損した。これらの例は結構あり、当然すべてクレームにつながり、すべて店側の責任だといっていい。やはりいい訳はかんばしくなく、

「申し訳ございません」

または、

「申し訳ございません、お怪我はございませんか」

とあやまり、弁償を申し出なくてはならない。なお、このようなことがおきないように、朝の清掃、スタンバイ時点でチェックしなくてはならないのは当然である。

また、同じような例で、汚れた箇所があったりすると衣服を汚してしまう例もある。これも店側の責任になるので、清掃を徹底し、営業の途中での点検をこまめにするようにしなくてはならない。

8 床がぬれていて滑って転んだ

床材によっては、ぬれていると滑る場合があり、これが、骨折や捻挫につながる可能性がある。特に雨天だと、床がぬれた状態になりやすい。

雨の日は頻繁に床をチェックして、ぬれをぬぐわなくてはならない。このように、床がぬれていてお客様が滑ってしまうと、それは100%クレームになる。滑って転んでしまったときは、クレーム

になる前に、その処置をしなくてはならない。

お客様が転んでしまった場合は、すぐに駆け寄り、

「お怪我はございませんか、大丈夫ですか」

といって、抱き起こすという行動をとらなくてはならない。もし、すり傷、出血等があるなら、消毒薬、薬、絆創膏等を持っていき、その処置をおこなわなくてはならない。さらに、骨折や捻挫の疑いがあるときは責任者に告げ、病院に同行するようにしたい。

9 料理がほとんど残された

料理にちょっと手をつけただけで、ほとんど残された。これはある意味では無言のクレームだといっていい。それなのに、残った料理を無雑作に捨ててしまうケースが非常に多い。仮に、料理のほとんど残されたという場合には、そのままにはせず、サービス・スタッフ、レジ・スタッフのどちらかが、

「お料理に何かお気に召さないことがありましたでしょうか」

と声をかけるべきである。せっかくオーダーしたものに手がつけられず、ほとんど残っているということは、当然何か原因があると考えなくてはならない。もし、そのまま帰してしまえば、そのお客様のリピート来店は望めない。このように、実はクレームを口に出さないお客様も結構多いのである。

しかし、声をかければ必ずその理由をいってくれるはずだ。

「いや、何でもないよ」

といってもらえればいいが、

「料理の味がおかしかった」

というようなクレームがついたなら、

「お時間ございますか、すぐ作り直します」

といってみよう。仮に、

「時間がないからもういい」

といわれたら、

「申し訳ございません、次から十分注意致します」

といって、その日のお会計をサービスすると次回の来店につながる。

10 子どもには食べられない料理では

例えば、マスタード、唐辛子、わさびなどを使った辛い料理で、子どもが食べると想定される場合は、

「こちらお子様がお召し上がりでしょうか、ちょっと辛味が強いと思いますが、いかがなさいますか」

とか、

「こちらお子様がお召し上がりでしょうか、マスタード抜きでお作り致します

か」

という確認が必要である。このような確認を怠ると、

「これ辛くて子どもが食べられないわ」

といったクレームになってしまう。確認せずに辛いものを供してしまった場合、

「申し訳ございません、すぐにマスタード抜きでお作り致します」

と迅速に対応しなくてはならない。

11 その他よくおきるクレーム

①ぬるい

「これぬるいよ」

とクレームがついた。この場合は、

「申し訳ございません、温め直します」

または、

「申し訳ございません、すぐお取り替え致します」

といって、温め直すか取り替えるかしなくてはならない。

②生だ

「これ中が凍っているよ」

「生焼けだよ」

といったクレームも結構多い。特に冷凍してあったものの場合など、表面は熱くなっていても、中心が熱くなっていない場合がある。

また、牛肉の場合はまだいいが、鶏肉や豚肉が生焼けで中心が赤いと、お客様にはよく火が通っていないという概念があるため、クレームにつながってしまう。

③グラスに汚れ

「このグラス口紅がついてるよ」

ストローを使って飲ませる飲み物のグラスでは口紅はつきにくいが、水飲みグラスのように直接口にあてるグラスでは口紅が落ちていない場合がある。

「申し訳ございません、お取り替え致します」

と即座に取り替える。

④ プレートに欠損がある

縁が欠けた食器でサービスされたら、それこそ幻滅だ。クレームはつかないかもしれないが、当然店に対して好印象をもってくれないことは確実である。サービス前にきちんと点検することが重要だ。

第13章

接客べからず集

1 ダメな「いらっしゃいませ」

①ずれて遅い
②活気がない
③語尾が上がる
④まのびがする
⑤〝い〟の発音が低く下がる

といったものは、すべて失格の「いらっしゃいませ」になる。

2 できないものはメニュー表にのせるな

オーダーされたメニューができない。

「申し訳ございません、それできないんです」

と断る。本当はできないものは、メニュー表に載せておいてはならない。

もし、その日だけできないというのなら、それはメニュー表に記しておくべきなのである。

3 オーダーを受けてからできないでは最悪

オーダーを受けて、客席から下がり、そのメニューができないということが分かり、再度客席に行き、

「申し訳ございません、本日そのメニューはできません」

というのではダメだ。このような場合はお客様からオーダーが出た段階で、即座に断り、オーダー変更をお願いしなくてはならない。同時に今日は仕入れの都合でできないとか、売り切れてできないというようなことは、連絡を密にしてサービス・スタッフ全員が把握していなくてはならない。

なお、サンプルケースがある場合、できないもののプライスカードを裏にして対処しているのを見かけるが、これも裏返しではなく、サンプルそのものをケースの外に出しておくことが望ましい。

4 サンプルと実物のギャップがありすぎ

写真やサンプルでメニューを見せている場合、お客様はそれを見てオーダーしている。ところがサービスされたものが、あまりにも小さかったり、サンプルや写真通りの材料が使われていなかったりする。これではお客様はがっかりするし、場合によってはクレームの対象にすらなってしまう。

5 ぬるい水のサービスはサービスにならない

冷水というのは、冷たくなくては意味がない。ぬるかったり、臭いがあったりしたら、その冷水に価値はない。

できれば、冷水には氷を入れておく。このようにすれば、その冷水は見た目にも冷たいということになる。

6 口が触れる部分に指を触れるな

お客様が直接口を触れるものに、

①冷水タンブラー
②カクテルグラス
③湯飲み
④水割りグラス
⑤ビールグラス

等がある。こういったグラス類では、お客様が直接口を触れる部分に、決して指を触れてはならない。グラス等の上半分は、お客様のもので、下半分が

サービス・スタッフのものなのである。また、グラス類の上を手の平と指でまたぐという持ち方を絶対してはならない。

7 雑音を立てないサービスが必要

サービスするときに、グラスやプレートがテーブルにぶつかりコツンと音を立てる。また、使用済みの器やシルバーを下げるときに、ガチャガチャと音を立ててシルバーをまとめたり、プレートを重ねたりする。このような雑音は、お客様にとっては、かなり耳障りなものだ。できる限り雑音を立てないように、グラスやプレートの置き方、シルバーやプレートのまとめ方を練習する必要がある。

8 アンダーネーム呼びはよくない

スタッフ同士、または上司が部下を呼ぶ時、アンダーネームで、

「○○子さん」

と呼ぶ。この場合は〝さん〟になっているから、いくらかはましだが、これが〝ちゃん〟になったら最悪である。このような呼び方は友達同士とか恋人同士にとどめなくてはならない。

こんなことで店の格を落とすことになってしまうのは残念だ。スタッフ間で名前を呼ぶときは必ず〝ファーストネーム〟で呼び合うようにしなくてはならない。

9 おしぼりを雑巾がわりにしてはならない

おしぼりはお客様が使うものである。したがって決してスタッフが使用してはならない。また、使用済みのおしぼりでカウンターの上やテーブルの上を拭くのもご法度である。使用済みのおしぼりは汚れている。それを使ってテーブルの上を拭いているのを見れば、それが清潔に見えるはずがない。テーブルを拭いたおしぼりは、いくら洗うといっても、再度それが客にサービスされるのである。ここに不潔感が出てしまうのは必至である。

10 三本指持ちのトレイは危険

トレイを持つ時、三本指で持ち、顔より上の位置まで上げてサービスする。これは一見すると格好よく見えるかもしれないが、実際には曲芸的で、落とす危険性も非常に高い。

トレイは、45度に曲げた手の平で、トレイをなるべく身体に引き寄せて持つのが正しい持ち方である。

トレイを三本指で持つのは、キャバレー等で、ダンスしている合間をぬってサービスする時の持ち方である。

11 皿数は無理して持ってはならない

サービスの方法の一つに、プレートサービスというのがある。これは、トレイは使用せず、プレートを直に持っておこなうサービス方法である。

熟練すれば、両手で五〜七枚のプレートを持てるのだが、この時プレートの上部に指が触れることになる。

この場合、指はできるだけプレートの端に少し触れるだけにしなくてはならない。プレート数も数を持てばいいというわけではない。いくら多く持っても、途中で落とすような失敗をしたり、料理に指が触れたりするような持ち方になったのではなんにもならない。

したがってせいぜい四〜五枚程度にとどめておいたほうがいい。

12 灰皿の〝ぬれ〟にはイラ立つ

吸いかけのタバコを灰皿に置き、再び吸おうとしたら、火が消えている。

灰皿がぬれていたのである。再度火をつけて吸えばいいじゃないかと思うかもしれないが、この場合タバコの味はかなり落ちてしまうのである。

しかも、腹立たしささえ覚えるものなのである。ぬれた灰皿ぐらいでお客様の心証を害したのではつまらない話である。

13 灰皿は吸殻の山

灰皿は吸殻が二〜三本になったら取り替える必要がある。特にカウンター席の場合、灰皿の取り替えに気を使わなくてはならない。

灰皿を取り替える場合、灰皿をそのまま下げれば、灰が散乱する。灰皿の取り替えは、

①トーションをかぶせる

②もう一つの灰皿をかぶせる

などして取り替えなくてはならない。

14 前客の汚れがあるテーブル

お客様が退店して片付けたのだが、前客の汚れが残っている。例えば、

①テーブルの隅にパン屑が残っていてザラザラする

②テーブルにぬれた部分がある

③椅子に汚れがある

といったように汚れがあるまま次のお客様を案内してしまった。これでは案内されたお客様は嫌な気分になるのは必至だ。

なお、汚れは見えない部分にもある可能性がある。例えばテーブルの裏に汚

れがあったりすると、衣服についてしまい、クレームにつながる可能性があるので注意がいる。

15 指差しは厳禁

お客様はもとより、客席側に指を差してはならない。お客様に自分のことを噂しているのではないかと勘ぐられてしまう。

差す場合は手全体で甲がやや斜め下になるように差さなくてはならない。

16 厨房やハッチ前の雑音

厨房内、カウンター内、ハッチ等から、

①皿拭きのカチャカチャ音

②必要以上に高い調理音

③シルバーのぶつかり合うチャラチャラ音

といった雑音が聞こえる。この雑音はお客様にとっては非常に耳障りである。できるだけ雑音を少なくすることによって、店の雰囲気は数段上がるといっていい。

17 大きい声は厳禁

遠くにいるスタッフに大声で話す。厨房内から大声でサービス・スタッフを呼ぶ。また、かかってきた電話に対して大声で応えたり、けんか腰になったりするというのは、やはりお客様にとっては耳障りだし、そのたびに気を取られてしまうことになる。聞こえない声ではしょうがないが、大きすぎる声は厳禁である。

18 ささやき声は厳禁

大声もダメなら、ささやき声もダメである。しかもそれをお客様のほうを向いたままでやれば、自分の噂をしているのではと勘ぐられてしまう。さらにささやき声を耳伝いにしていては、最悪である。

19 冷暖房の効きすぎ

冷房が効きすぎていると、それはもう快適空間にはなりえない。サービス・スタッフは動いているので、じっとしているお客様より暑い。だからといって、スタッフに合わせれば、お客様には寒すぎる。また、暖房の場合も同じで、効きすぎたりしては快適とはいえない。

したがって、店内温度はあらかじめ決めておき、その温度を維持して、快適空間を

作りあげなくてはならない。

20 テーブルにグラグラがある

テーブルがグラグラする。これはお客様にとっては、意外に気になるものだ。開店前のチェックはもとより、お客様の退店後にも、テーブルの不具合をチェックするようにしたい。

カクテル、コーヒーのようなメニューの場合には、グラグラがあればこぼれてしまうこともあり、特に気をつけなくてはならない。

21 店内に異臭がある

カフェなのに、干物を焼いた臭いがする、ショットバーなのに強いカレーの臭いがする。なぜかと聞いてみると、〝まかない〟(従業員用の食事)の臭いだという。お客様に快適にすごしてもらうためには、店に業種以外の臭いがあってはならない。まかないもそのことに留意して準備してほしい。

22 時計を気にする

スタッフが頻繁に時計をチラチラ見る。これが閉店間際だと、あたかも早く帰ってほしいというサインに見えてしまい、お客様としては、非常に落ち着かない。したがって、勤務中に腕時計はしないという取り決めにしておくことが理想である。

23 異性にだけ親切にしてはならない

男性スタッフが女性客に、女性スタッフが男性客に、連れのお客様にも分かってしまうほどの過剰なサービスをする。これでは同伴者は気になってしょうがないし、場合によっては気分を害してしまうこともあるだろう。

カップル客に対しては、あくまでも同等に扱わなくてはならない。同じようなことで、お得意様が初めてのお客様を連れてきた場合にも、お得意様だけを特別扱いするというのはかんばしくない。あくまでも平等に扱うのが原則である。

24 子ども客を無視してはならない

オーダーを出してくれるのが親だからといって子ども客を無視するというサービスは厳禁である。子ども客が話しかけてきたら、それには応えなくてはならない。このような話しかけを無視すると、子どもはかなり傷つき、次に店を選んでもらえないということがおきるので注意がいる。

25 見えないところもきれいに

　お客様に見えないところだからといって掃除をしない。しかし、そういった気の緩みは何かの拍子に見えてしまうことがある。そこに乱雑に私物が散乱していたり、床がゴミだらけだったりしたらどうだろう。お客様は、他の部分も汚いのではないかと、その店の清潔維持に疑いを持つことになってしまう。

①ロッカールームの中
②厨房、カウンターの中
③植木の葉
④コード、ペンダントの傘
⑤吸気口、排気口のまわり

⑥かべと床の隅
⑦窓等の桟
⑧ハッチに置いたゴミ箱
⑨花壇の中

等は特に注意しなくてはならない。

26 途中清掃は静かに

営業の途中でも、目立つゴミなどは手で拾えばいいが、どうしても、掃き掃除等をしなくてはならない場合がある。このような場合は、傍の席のお客様がいなくなった時に、できる限り静かにおこなわなくてはならない。

傍にお客様がいるのに、どうしてもやらなくてはならない場合は

「恐れ入ります」

または、

「申し訳ございません」

と声をかけ、終わったら、

「失礼致しました」

と声をかけるようにしたい。

27 かけ声だけの出前

『出前も致します、お気軽にお申しつけ下さい』
という掲示があったので、電話で出前を依頼したら、
「今日はできないんです」
とだけいわれて電話が切られてしまった。店側には店側の事情もあるのだが、
もし体制が不十分なら、出前ができるなどといわないほうがいい。断ったこと
で気分を害し、店にもやって来ないということになったらそれこそ大変なこと
になる。

28 体調不良なら店にでないほうがいい

①だるそうに客待ちの姿勢をとる
②眉間にシワを寄せる
③ダラダラ歩く

体調が悪いのである。こんな場合、それを目撃したお客様は、あまり気分がよいものではない。こんな場合は、上司に相談して、体調がよくなるまで、休憩させてもらうか、場合によっては早退させてもらうほうがいい。

29 ニヤニヤ笑いは厳禁

この笑い方をすると、お客様は自分の何か、例えば、
①服装
②装飾品
③動作

について二ヤ二ヤされたのではないかと勘違いしてしまうので、慎まなくてはならない。笑顔は大事なのだが、二ヤ二ヤ笑いは笑顔とは異質のものなので注意がいる。

30 頭髪に手をやる、指櫛を使う

女性がよくするしぐさの一つに頭髪に手をやるというものがある。男性の場合も同様に、指で髪をとかすという仕草がある。

頭髪はそんなにきれいなものではない。したがつて、お客様はそれに、不潔さを感じてしまうことになる。そうしなければ頭髪が乱れるというのであれば、髪型を変えなくてはならない。

31 体の部分に手をやる

目、耳、鼻、襟もと、わきの下、といった部分に手をやるのは不潔感につながる。下手をすると耳垢や鼻水という発想にまでつながってしまう可能性がある。さらに、下半身、例えば腰、足、といったところにも、同じ理由から手をやってはならない。

32 手で汗ぬぐい

忙しい店など、額等に汗をかいているサービス・スタッフがいるが、飲食物をサービスする時に、汗がポタリと落ちる可能性もあるし、お客様から見ると非常に見苦しい。

したがって、汗を拭かなくてはならないが、手でぬぐってはならない。ハンカチでお客様には分からないように拭かなくてはならないので、清潔なハンカチを常に携行している必要がある。

33 見える場所での喫煙

調理スタッフやサービス・スタッフは、お客様から見えるところでは絶対喫煙してはならない。これを目撃したお客様は、飲食物に灰が飛ぶのではと心配するし、喫煙している様は意外に生意気に映る。最近はタバコの臭いは嫌いだというお客様も多い。したがって、スタッフも店内では禁煙にしたほうがいい。

34 踵《かかと》を引きずって歩く

サービス・スタッフは音を立てて歩いてはならない。踵を引きずって歩くと、非常にだらしない感じがするし、床材によっては、ザーザーという音が出る。
またカーペットの床の場合はほこりを舞い上げることになる。

35 踵側を踏んで靴を履くな

やわらかい素材でできている靴の場合、踵側をきちんと履かないで、踵を踏んで履いている例があるが、これは厳禁だ。これではだらしなく見えるし、結果として踵を引きずって歩く歩き方になる。

36 履いてもよい履物を決めておけ

靴は私物を履くというシステムの場合、履ける靴の色、種類は決めておく必要がある。例えば、

①**サンダル**
②**下駄**

③ゴム靴、ゴム長靴
④ブーツ
⑥ヒールの高すぎるハイヒール

といった履物は接客にふさわしくない。

37 腰に重心をのせて歩くな

腰に重心をのせる歩き方がある。この歩き方はどちらかというと色っぽい歩き方になるが、この歩き方だと、機敏さは出ず、だらしなく見えてしまう。第一飲食業は色気を売り物にする業種ではない。したがって重心は身体の中心にし、左右の揺れは極力少なくする必要がある。

38 走ってはならない

ゆったりのろのろ歩くのは、だらしなさがあってかんばしくないが、いくら忙しいからといって、客席を走ったりしてはならない。走られたのでは、せっかくゆったりとしたいと思ってやってきたお客様は、せわしなくて落ち着かない。当然小走りというのも避けなくてはならない。歩き方は難しいが、走らず歩かずという歩き方が、きびきびしたものになり好感がもてる歩き方になる。

39 返事がない

サービス・スタッフに〝うん〟という返事はない。この返事、うなずきは友達同士にとどめなくてはならない。サービス・スタッフの返事は、〝はい〟である。そして、この返事の仕方で、お客様が好印象をもつか否かが決まる。

例えば〝い〟のほうが下がった返事とか、〝は〟と〝い〟の間ののびた〝はい〟は、どちらかというと、嫌々の〝はい〟なので、〝い〟が軽く上がる〝はい〟にしなくてはならない。

40 あくび、くしゃみは厳禁

客席であくびをするなんてもってのほかである。例え、あくびを噛みしめた場合でも、見ているお客様には分かってしまう。また、くしゃみもよくない。なぜならば、くしゃみは唾液が飛散するからである。どうしてもくしゃみ、あくびがしたい時はお客様からは見えない場所でしなくてはならない。その程度の気配りは、サービス・スタッフなら当然である。

41 客席でのナプキン折りは厳禁

ペーパー・ナプキンにしろ、布ナプキンにしろ、これを客席で折ってはならない。なぜなら、両方ともお客様が口に触れるものなので、客席で折っていたのでは、不潔に感じるからである。できるだけ客席からは見えない場所で折り、どうしても見える場所で折る場合は、白の手袋をして折ることが望ましい。

挨拶からクレーム処理まで、各場面《シーン》の接客がよくわかる!
飲食店の接客サービス
完全 マニュアルBOOK

発行日　平成22年10月20日　初版発行
　　　　令和7年4月15日　第7版発行

著　者　赤土亮二（あかど りょうじ）
制作者　永瀬正人
発行者　早嶋　茂
発行所　株式会社旭屋出版
〒160-0005　東京都新宿区愛住町23-2 ベルックス新宿ビルⅡ 6階
電話　03-5369-6423（販売）
　　　03-5369-6424（編集）
FAX　03-5369-6431（販売）
郵便振替　00150-1-19572
旭屋出版ホームページ　https://asahiya-jp.com

印刷・製本　株式会社　シナノ

※落丁本、乱丁本はお取り替えします。
※許可なく転載・複写ならびにweb上での使用を禁じます。

ISBN978-4-7511-0896-3　C2034
©Ryoji Akado, 2010　Printed in Japan